英汉语言对比研究概论

薛春美◎著

中国原子能出版社

图书在版编目（CIP）数据

英汉语言对比研究概论 / 薛春美著. --北京：中
国原子能出版社，2023.7
ISBN 978-7-5221-2873-3

Ⅰ. ①英… Ⅱ. ①薛… Ⅲ. ①英语–对比语言学–汉
语 Ⅳ. ①H31②H1

中国国家版本馆 CIP 数据核字（2023）第 145252 号

英汉语言对比研究概论

出版发行	中国原子能出版社（北京市海淀区阜成路 43 号　100048）
责任编辑	杨晓宇
责任印制	赵　明
印　　刷	北京天恒嘉业印刷有限公司
经　　销	全国新华书店
开　　本	787 mm×1092 mm　1/16
印　　张	12.5
字　　数	217 千字
版　　次	2023 年 7 月第 1 版　2023 年 7 月第 1 次印刷
书　　号	ISBN 978-7-5221-2873-3　　　　定　价　72.00 元

作者简介

薛春美，女，1976 年 5 月出生，河南省郑州市人，毕业于河南大学，硕士研究生，现任郑州西亚斯学院副教授，研究方向：比较文学与跨文化研究、应用语言学。

主持和参与多个项目，主持的"商务沟通"双语教程项目，获得省厅应用成果一等奖；参译译著 1 部，参编编著 1 部、"十二五"职业教育国家规划教材 1 部、其他编著 2 部；在国内外期刊上发表学术论文 10 篇，1 篇论文获得省厅优秀成果奖二等奖。

前　　言

　　随着我国改革开放的深入发展，语言和文化建设越来越显示出在政治、经济、科技、日常生活等各个领域中的重要性。要研究语言，就要对语言的本质有所了解和认识，也就是说，要了解和认识语言的基本性质、结构和组织规律。了解认识语言本质最直接的方式就是对不同的语言进行对比分析，找出它们之间的异同，进而服务于具体的语言应用。对比分析是语言研究的重要手段。语言对比研究的历史源远流长。自有语言交流以来，就有了语言比较。在对语言进行比较研究的过程中，由于人们的兴趣、目的、方法不同，逐渐形成了不同的语言学分支。通过对比分析我们能够对语言结构和不同语言体系之间的关系有进一步的认识。对比语言学是一门新兴的语言学科，从出现至今不过半个多世纪的时间。但是从其诞生之日起，无论国外还是国内的研究学者都认识到对比研究是促进语言研究的新途径，是进行语言研究的一种极为有效的方法，它使被比对语言的共性和特性更突出，使语言的描写和阐述更加精细，因而具有很高的学术价值和使用价值。20 世纪 90 年代以来，我国的对比语言学研究进入了全新的发展阶段，更加注重理论的探讨和建设，我国的中外语言对比研究与世界对比语言学的发展齐头并进，不仅发表了大量高水平的学术论文，出版了许多学术专著与文集，而且许多高等院校的外语院系都开设了此类课程，并将对比语言学确立为学术研究重点。

　　本书第一章为英汉语言对比研究概述，分为英汉语言对比研究的性质和范围、英汉语言对比研究的历史和现状、英汉语言对比研究的宗旨和目的、英汉语言对比研究的理论基础和方法。本书第二章讲述了英汉语音对比，分为从英汉语音对比概述，英汉元、辅音和音节对比，英汉轻、重音对比，英语的语调和汉语的声调，英汉节奏与韵律对比。本书第三章为英汉词汇对比，对于英汉词汇对比概述、英汉构词对比、英汉词类对比、英汉词义对比、英汉词的搭配对比进行了分析。本书第四章为英汉语法对比，主要从英汉语法对比概述，英汉时态、语态以及语气（mood）对比，英汉句子成分对比，英汉基本句型对比，英汉句子结构对比五方面展开论述。本书第五章是英汉修辞对比，从英汉修辞对比概述、英汉音韵修辞对比、英汉词义修辞对比、英汉句法修辞对比四方面展开了论述。本书第六章为英汉思维及文化对比，分别介绍了英汉思维和文化对比概述、英汉思维对比、英汉文化对比。

在撰写本书的过程中，笔者得到了许多专家学者的帮助和指导，参考了大量的学术文献，在此表达真诚的感谢。本书内容系统全面，论述条理清晰、深入浅出，但由于笔者水平有限，书中难免会有疏漏之处，希望广大同行批评指正。

目　录

第一章　英汉语言对比研究概述

本章为英汉语言对比研究概述，分为英汉语言对比研究的性质和范围、英汉语言对比研究的历史和现状、英汉语言对比研究的宗旨和目的、英汉语言对比研究的理论基础和方法。

第一节　英汉语言对比研究的性质和范围

语言的对比研究又可以称作对比分析或者对比语言学，它是从共时态对两种或者多种语言进行对比研究，对这些语言之间的相同和不同之处进行描述，重点在于描述各语言的差异之处，并把这些研究的成果在其他有关的领域进行应用[①]。比较语言学属于历时性研究，它的任务在于探究语言之间的谱系关系；对比分析则不同，它是从共时态出发的，它的主要任务在于将语言之间的一致性和分歧性揭示出来。但需要指出的是，为了说明问题，对比分析偶尔也会涉及语言或者词源的历史演变情况[②]。

作为对比语言学的一部分，英汉语言对比的主要任务是对英汉语言进行共时分析，找出两者的异同，并让这些研究成果在有关领域得以应用。在对英汉语言的异同及其产生原因进行揭示时，必然绕不开对语言历史演变的探索。

[①]　魏志成. 英汉语比较导论［M］. 上海：上海外语教育出版社，2003：2.

[②]　潘文国. 对比语言学：历史与哲学思考［M］. 上海：上海教育出版社，2006：251.

英汉语言对比研究可以具体分为以下两个大的类别：一类是微观的研究，一类是宏观的研究。其中，微观的研究具体指的是对英汉语言内部因素的对比研究，如词汇、段落、句子、语法、语篇等；宏观的研究则具体指的是从外部因素出发对英汉语言所做的对比研究，如社会文化心理因素等[①]。

第二节　英汉语言对比研究的历史和现状

1898 年，我国出版了第一部系统的语法著作《马氏文通》，这本书是在英汉语言系统对比分析的基础上写成的，这也是我国最早的英汉语言对比研究。虽然这本书在历史上褒贬不一，很多学者认为这只是一本单纯的模仿之作，但是这本书的历史意义是不可否认的，它拉开了我国英汉语言的对比研究的序幕。

我国英汉语比较研究会的第一任会长刘重德根据我国的英汉语言对比研究将其发展分为了三个时期：（1）第一个时期的时间是 1898 年到 1949 年[②]，在这一阶段，很多语言学家都对英汉语言进行了对比研究，包括王力、黎锦熙、高名凯、马建忠等语言学家，并且将汉语和英语不同的特点总结出来。"他们的对比研究虽有移植的成分，但其中包含着认真的鉴别和自己的独特创造，对汉语语言学的建立作出了巨大的贡献，开创了择善化用的传统。"[③]（2）第二个时期的时间是 1949 年到 1976 年，受到当时国内政治的影响，英汉语言的对比研究基本上处于停滞的状态。（3）第三个时期就是 1977 年直到今天，在经历了多年的学术停滞期后，开启英汉语言对比研究复苏大门的是吕叔湘的《通过对比研究语法》。特别是改革开放之后，我国和其他国家和地区的交流越来越频繁，英汉语言的对比研究也进入了繁荣发展的时期。根据统计，仅"1995 年到 2003 年国内这方面的论文就已超过 2 100 篇，专著和论

---

① 李成明，杨洪娟. 英汉语言对比研究［M］. 徐州：中国矿业大学出版社，2013：63.

② 李瑞华. 英汉语言文化对比研究［M］. 上海：上海外语教育出版社，1990.

③ 刘重德. 关于英汉语比较研究［J］. 外语研究，1995（3）.

文集有 124 部之多"[①]。

第三节　英汉语言对比研究的宗旨和目的

纵观中国百余年来的英汉语言对比研究,其目的主要包括如下几个方面。

一、促进第二语言教学的发展

随着我国改革开放的不断深入,中西方交流也日益频繁。由于语言是交际的重要工具,所以对语言的学习十分必要,由此国内掀起了英语学习的热潮,西方国家学习汉语的人也越来越多。

在学习外语的过程中,对两种语言进行对比,找出二者的异同,可有效避免母语的干扰,对第二语言习得十分有利。在学习英语的过程中,教师应注意讲授英汉两种语言的相同点与不同点,对二者相同点的了解有利于学生加强语言的正迁移;对不同点的了解则有助于减少语言负迁移对学习英语的影响,提高学习效率。同样,英汉语言对比研究的成果也可以有效促进对外汉语教学。

二、推动普通语言学的发展

推动普通语言学的发展也是英汉语言对比研究的目的之一。英汉对比研究除了要揭示出两种语言的不同点,还要涉及对两种语言共性的分析与总结,以及对这些共性与差异的深层机制的探讨,以归纳出人类语言的一般规律,这无疑会对普通语言学的发展起到重要的推动作用。

三、促进双语词典的编撰工作

在英汉两种语言的学习和运用过程中,英汉双语词典的重要性不言而喻。英汉语言对比研究会对英汉双语词典的编撰带来一定的影响。对英汉语言进

---

① 王菊泉,郑立信. 英汉语言文化对比研究(1995—2003)[M]. 上海:上海外语教育出版社,2004.

行对比研究，揭示两种语言的本质异同，找出两种语言中有无相对应的词形和意义，这对英汉双语词典编撰中的很多工作都十分有益，如确定目的词、划分词类、标注意义以及处理词汇空缺现象等。

四、推进翻译理论的建设与机器翻译的应用

翻译既是两种语言之间的转换，同时也是两种文化的交流。就英汉互译而言，由于二者在语言结构形式以及文化方面都存在差异，在翻译时有一定的翻译理论与方法做指导，可以避免出现英汉互译不对等的现象。但是，长期以来，我国还没有翻译理论，所谓"信达雅"及"直译意译"之争、"神似形似"之争等，本质上都是经验型的。由于缺乏理论的指导，翻译实践中就暴露出很多问题，如死译、乱译、语言规范混乱（如英语式的汉语、汉语式的英语）等。从宏观与微观层面对英汉两种语言进行对比研究，归纳出二者结构形式的异同及其产生的根源，必将为翻译学理论的建设铺平道路。

对比研究对机器翻译也具有十分重要的作用。当今社会，随着高新技术的迅猛发展以及人工智能的开发，机器翻译也得到了前所未有的发展。机器翻译已经取得了相当不错的成果，但是机器翻译的质量还有待提高，机器翻译过程中有很多问题目前还得不到解决，如语际间词语的等值问题、句子结构转换问题，尤其是文化因素和情感因素问题等，需要对比研究工作者进行更加深入的研究，以提高机器翻译质量。

五、促进现代汉语的研究

在我国，建立汉语自身的语法体系是进行英汉语言对比研究的最初目的。对印欧语系语言现象的研究是很多现代语言学理论建立的基础，而我国在这一方面的理论基础还相对薄弱，因此只有进一步深化汉语自身的研究，提出具有中国特色的理论体系，才能与西方语言学理论接轨。

第四节　英汉语言对比研究的理论基础和方法

社会文化中的重要组成部分就是语言，不同的语言有不同的特征，在词

语上的差异就会形成使用这种语言的社会文化特征。汉语必须通过和其他语言的对比才能突出其特点，比如说要总结现代汉语的特点，就要和古代汉语做比较；要了解普通话的特点，自然要和方言进行比较。

英汉语言对比的方法主要有两种：一种以语法为中心，另一种以语言事实为基础。

以语法为中心是较为传统的对比方法，也是较为直接简便的方法，因为语法研究的是语言的组织规律及与语义表达的关系，这方面的差异是语言间最基本的差异。以语法为中心，可以把逻辑语义、文化及语言心理等多方面因素归纳进去，既可以突出对比研究的重点，又有助于宏观研究和微观研究的结合。以语法为中心，我们首先要弄清楚两个概念，即"客观语法"和"主观语法"。"客观语法"是指各种语言客观存在的语言组织规律，"主观语法"则是指由语法学家们在研究客观语言事实过程中总结出来的语法体系，它随着语法学家们研究立场和角度的不同而呈现出对语言事实的不同解释，因此与"客观语法"尚有一段距离。

英汉对比的第二种方法就是以语言事实为基础。收集语言实际使用中足够多的第一手语料，并做详尽的描写，进而深入探讨、分析和解释其中所反映的问题。但需要注意的是，要在对语言事实进行充分描写的基础上，结合从语法框架入手的思路，将细小的发现做进一步的归纳和总结，并最终指向系统性的解释，而不是仅仅满足于对零散语言现象的分析。"描写"是"解释"的前提和基础，如果描写不能客观且科学地进行，什么样的解释都是没有意义的。但是，如果只有描写却没有详细的解释，我们就不能深化认识，更不可能上升到理论的高度。可以看出，"描写"和"解释"是相辅相成的，两者缺一不可。不管是哪一种理论，只有解释具体语言事实才能实现其价值，拥有越强的解释力，就会体现越高的价值。

可以在"描写"的基础上进而发现英汉两种语言在表达上存在的一些规律性的区别，透过语言表层结构的差异去挖掘深层语义结构的共性联系，从而实现两种思维方式的渗透和交融。

英汉语言对比作为翻译专业的一门课程，直接服务于翻译人才的培养。

那么翻译专业的学生学习该门课程应具备怎样的知识结构和学识素养呢？

第一，应具备现代英语汉语知识。这是英汉语言对比课程的基本内容所决定的。现代英语汉语知识在各自的领域内都是一个庞大的知识体系，学习者需要掌握好两种语言的语音、词汇和语义系统，全面认识其句法结构和篇章结构，并关注其动态发展，细致地观察和分析各种语言现象，进而发展和强化自身的中西现代语言知识。

第二，应具备普通语言学的知识。普通语言学以人类所有语言为研究对象，研究人类语言的性质、结构特征和发展规律。需要在具体语言事实和知识对比的基础上，从理论高度去观察和分析某些语言现象，进而思考语言之间乃至文化之间的共性和特性，这就要求我们具备普通语言学的知识。

第三，应具备英汉历史和文化的有关知识。英汉语言对比的初级阶段只是关注英汉语言结构知识及其实践应用，对比研究必然要从语言和文化根源上探讨两者之间的共性与特性，因此有必要拓宽对比的视角，从广义上认识英汉语言与文化，总结其内在的规律性变化，从而更好地把握两种语言的历史演变特征和发展趋势。

第四，应具备一定的理论意识和素养。英汉语言对比课程不仅帮助学习者梳理总结英汉两种语言的语言结构知识，更能帮助他们归纳和总结两种语言的特点，并加以深刻的理解、分析和解释。理论意识和素养可以帮助他们从理论的高度、从语言与文化关联的角度分析具体的语言现象，在实践中验证理论，并熟练有效地指导英汉翻译等实际应用。

第二章　英汉语音对比

本章讲述了英汉语音对比，包括英汉语音对比概述，英汉元、辅音和音节对比，英汉轻、重音对比，英语的语调和汉语的声调，英汉节奏与韵律对比五个方面内容。

第一节　英汉语音对比概述

一、英汉语音对比的必要性与可行性

语言的基本物质外壳和表达手段就是语音。对任何一种语言要想充分了解其本质，最先要对语言的语音特点进行熟悉。我们在对不同语言的相同点和不同点进行了解的同时，也要对语言的语义特点进行比较。

英语和汉语并不是亲属语言，汉语属于汉藏语系，英语属于印欧语系，这两种语言之间的差异是比较大的。两种完全不同的语言即使语系不同，也可以进行语音的比较，因为语音的物理属性和生理属性是相同的，人类即使人种不同，在喜怒哀乐的表达上方式也相差不大，人们总是想要用最简单、最省力的方式和他人进行语言的交际。人类语言中，包括英语和汉语，语音的同化、弱化、异化和省音都是普遍存在的。对英汉语音的对比其实就是构成英汉语音的这些要素的对比。

二、语音对比研究的诸方面

（一）语音的物理属性

作为语言的物质外壳，语音的属性是多方面的。首先，语音的产生来自物体的振动，然后将振动产生的声音通过周围的空气或者一些其他材质的媒介传播出去。语音的物理属性和其他任何声音是一样的，包含了音色、音强、音长和音高。英汉语言的语音对比就是将这几种语音的物理属性在英汉音韵体系中的具体表现进行对比，并且对比这几种要素在语言组织中产生的不同作用。音色是任何一种语言都比较重视的，因为音色的种类比较多，不同语言选择的具体音位也是不一样的，形成了语言的不同音位体系。

英汉这两种语言在剩下的三种要素中所表现出来的敏感程度是不一样的，因此在这两种语言中发挥的作用也不相同。在三种要素中，汉语对音高的变化比较敏感，我们知道，汉语每个音节都有不同的音高区别，并且也是可以分辨出来的，我们称这种音高区别为声调，也可以说，汉语就是比较典型的声调语言，从组成汉语最小的单位字到词再到语句都受到声调的影响。英语在三种要素中对音强的变化十分敏感，因此英语十分强调重音的作用。英语的词语其语音结构中就包含重音，重音程度不同，可以分析归纳超音段音位，加以区别。我们也可以将重音划分成各级语言单位的标准，因此，英语也被归属于重音语言。对于音长的敏感程度汉语不及英语强烈。发出一个元音的时间长或短本来是相对的，它与语速的快慢有直接关系。但在英语中哪些元音读得长、哪些元音读得短又是相对固定的。在大多数情况下，元音长短的对立往往伴随有其他方面的区别。一般说来，发音器官肌肉紧张的元音读音较长，肌肉比较松弛的元音音长较短，在英语中元音的紧松、长短可以区别意义，例如，leave/[li:v]/（离开）和 live/[lɪv]/（活），fool/[fu:l]/（傻瓜）和 full/[fʊl]/（满的）的区别就在元音紧松，[i:]和[u:]是紧元音，读音长，而[ɪ]和[ʊ]是松元音，读音短。然而，在汉语普通话里却没有这种元音的紧松、长短的对立。

（二）语音的生理属性

从生理属性上看，人类的发音器官进行高度的协调就形成了语音，人类的发音器官有着什么样的构造功能和活动就会形成什么样的语音。人类发音器官的构造是一样的，但是还能形成语音的差异，是因为发音器官在发音活动时的部位不同，或者活动的方式不同。例如，现代英语中"who"/[hu:]/中的/h/与汉语的 h[x]虽然都是清擦音，但气流受阻的部位并不相同。前者是气流与声门边缘轻微摩擦而成音，语音学上称为喉擦音；后者是气流通过舌根和软腭之间产生的擦音，通常称为软腭擦音，两者之间差异甚大。又比如英语的[ɑ:]与汉语的 a[a]发音时都是口大开、舌位低、唇形不圆。然而在发汉语 a 时，舌中部微隆，发英语[ɑ:]时则舌后部微隆，而且是长元音。因此，我们在进行语音对比时势必要对某些音素的发音特征进行具体描述。根据发音语音学的理论，对比元音时我们主要采用发音时的舌高、舌位和唇形三个参量来描述，对比辅音时主要根据气流在声道中受阻的部位和方式进行描述。这样，两个发音相近的元音或辅音之间的一些比较细微的差别便可体现出来。

（三）语音的社会属性

人的发声器官发出的语音都是有一定意义的。人类的社会不断发展，语音也是随之一起发展的。语音和语义的关系紧密，人们在交际的过程中就依靠语音承载信息，民族不同，语音系统也就不同，这也反映出了不同民族的不同思维方式。

语音可以表达出一定的意义，因此被人们当作语言交际的工具。但是，语音的形式并没有和意义之间有必然的联系，语音的任意结合构成不同的意义，这种任意性就是受到民族的特点影响，再加上社会的公认才形成一定的规则。就拿"眼"这个词语来看意义，在汉语中语音用 yǎn[iɛn]表示，但是到了英语中则用 eye/[ai]表示。民族的各种历史和社会的因素决定了不同的语音表达什么样的意义。因此，在我们分析语音的时候，一定要加上对这个语音的民族社会习惯的考察。

每个民族的语言，甚至同一种民族语言中的各种方言，都有自己的语音特征。例如，英语有[θ][ð][ʃ][ʒ]，汉语普通话没有；汉语有舌尖后音 zh、ch、sh、r，英语却没有。一般说来，人们对自己母语中有的音容易发准，也容易辨别，而对母语中没有的音往往反应迟钝，比较难发准，不少习惯于用母语中相近的音来代替。这些都是语音社会性的表现。

语音的社会性还表现在语音的系统性上。不同的语言有各自不同的语音系统。系统涵盖的内容是多方面的。第一，各语音系统都由数目不同的具有特殊音质的音位组成；第二，各系统中语音的分类标准不完全相同，相同的发音特征在不同的系统中所起的作用也可能不一样。汉语辅音的送气与不送气这一对特征是用来区别意义的。例如，"配套"（pèi tào）和"被套"（bèi tào）不同，"兔子"（tù zi）和"肚子"（dù zi）意义也不一样。在英语中，辅音的送气与否只是一种语音上的差别，并不区别意义，而强与弱（清与浊）对于区别意义来说却十分重要。例如，pie/[paɪ]/（馅饼）和 buy/[baɪ]/（买）的区别就在于前者的首音是强辅音，后者的是弱辅音。第三，各种语言的音位在音节中分布的位置以及聚合规律不同。例如，英语的/k/可以出现在音节之首，也可在音节末尾，汉语的[K]却只能在音节首；英语的/k/可与任何元音相拼，汉语的[K]则不能出现在高（闭合）、前元音之前。因此，英语词 khaki/['kɑːki]/（卡其布）译成汉语时则成了 kǎjī。第四，各种语言有不相同的语音变化规律。凡此种种使每种语言的语音在总体上具有各自的特色，构成语音的民族性，这种属性是语音最本质的属性。

三、英汉语音对比的内容和方法

要分析和研究语音，一般都是从语音的物质属性和功能属性开始。物质属性属于语音学研究的对象，包括语音的物理属性和生理属性；功能属性属于音系学研究的对象，指的是不同的语音特征和不同语音要素在语言交际中的表达功能。但是不管是物质属性还是功能属性，其研究一般都是放在一起的，因为两者是相辅相成的。

因为语音不同的表达功能必须通过不同的生理和物理特征才能实现，而在研究其物质属性时不可避免地要考虑它的表达功能。在对英汉两种语言进行比较时，我们要对比两种语言的发音部位、发音方法、语音的描述、语音的产生和分类，另外，我们还要从音位学角度进行对比，需要了解英汉两种语言怎样使用语音的差别形成不同的语音辨义系统，还要知道不同的语音相连在一起有什么样的变化和规律，最后还需要了解英汉两种语言的音位在自己的语音结构中有什么样的不同的组合方式。当然，不仅是这几点需要研究，还需要研究不同的语音特征在英汉两种音韵系统中的表现形式，当然这里的语音特征包括节奏、声调、重音、语调、停顿以及音渡等，对这些特征是怎样配合进行研究，同时需要了解这些语音特征在语言交际的过程中怎样发挥自己的表意作用。

　　通过上述的对比分析，英汉两个语音系统各自的本质特点自然就会显现出来，两者之间的差异也就明朗化，这对于推动英语教学、对外汉语教学以及英汉互译工作无疑是很有帮助的。

　　众所周知，语言与思维之间有着密不可分的联系。思维依附于语言，没有语言，则思维无以定其形，无以约其式，无以证其实。但是，思维又可以支配语言，语言也反映出了思维。人人都有思维，但是民族不同，对客观世界的认识是从不同的思维方式和风格上进行的。即使是同一个概念，不同的民族在语言的表达上也有不同的结构和表达的方式，这其实也反映了民族的特有思维方式和风格。作为语言表层结构的一部分，语音和思维之间是否也属于相辅相成的辩证关系？回答当然也是肯定的。在以下几节中，我们将对英汉两个语音系统进行比较，力图在探索两种语音的本质特征的同时，也探究中国人与西方人在思维方式和思维风格上的差异。

第二节　英汉元、辅音和音节对比

一、英汉元音系统对比

（一）英汉元音系统的组成

　　英语的元音系统相对来说比较简单，整个英语的元音系统包括 12 个单元音和 8 个双元音。反观汉语,其元音系统就相对比较复杂。由声母和韵母组成了汉语的音节,其中,韵母又有细分,可以分为单韵母、复韵母和鼻韵母,再由单元音、复元音及元音加鼻辅音[n]或[ŋ]充当。汉语元音的韵母有着如下的分类。

单韵母 10 个:a、o、e、ê、i、u、ü、-i(前)、-i(后)、er。

复韵母 13 个:ai、ei、ao、ou、ia、ie、iao、iou、ua、uo、uai、uei、üe。

鼻韵母 15 个:an、en、in、ün、ian、uan、uen、üan、ang、eng、ing、ong、iang、uang、iong。

(二)英汉单元音对比

元音音色的差异由共鸣腔即口腔的形状和大小不同所决定,其中决定元音基本性质的是舌高、舌位和唇形。

英语的元音都是舌面音,但是汉语除了包含舌面音之外,还包括舌尖元音和卷舌元音。另外,我们也可以观察到,英语的元音有着比较详细的划分,并且其分布的高度也不相同,存在于前中后不同的部位,整体上分布是比较均匀的,达到了体系上的平衡。再看汉语的元音,大部分都是高元音,低元音是比较少的,可以看到舌面元音中没有中等舌高的元音。英语的后元音大部分都是圆唇音,其中只有[ɑː]不圆唇,但是其前元音中没有一个圆唇音,英语的[ɑː]和[ɒ]并没有构成对立。但是汉语却是不同的,其前高元音中有圆唇与不圆唇的对立,后、半高元音中也有对立。另外,英语中,元音在松紧上有对立特点,在长短上也不一样,单元音中构成整齐的 5 对:[iː]—[I]、[ɜː]—[ə]、[uː]—[ʊ]、[ɔː]—[ɒ]、[ɑː]—[ʌ](在传统发音中,[ʌ]属于后元音)。汉语和英语不同,在松紧上和长短上都没有区别,所有的元音都属于长音、紧音。基于这种情况,我们在学习英语的时候由于没有长短音和松紧音的使用习惯,因此习惯将英语的短元音发成长元音,比如把[I]发成[iː],结果 bit[bɪt]读成了 beat[biːt],形成口音的同时也容易混淆语义。

英语和汉语中的单元音中,有一些属于同类音,这些同类音的发音是比较相似的。比如英语中的[i:]和汉语中的[i]都属于高、前元音，这两个音在发出的时候，舌头的最高点在舌头的前部，因此要将舌头抬高，使牙床变得狭窄。但是，虽然都属于高、前元音，英汉的这两个音在舌头的前后部位和舌头抬起的高度还是有一定的差别的。这种大体上十分相似，但是又有些细微差别的音特别容易混淆，也最容易造成口音。

可以总结出英汉元音的特点：在汉语中，元音的舌位一般都处在极限的位置，比如最高、最低、最前或最后，其中，[i]、[y]、[u]、[o]、[ε]的舌位与标准元音的舌位是完全相同的。英语的元音，除了3个央元音，剩下的元音大多展现了向着央元音靠拢的特点，也就是说，英语的元音发音并不像汉语一样十分极限，虽然前后元音和高低元音都有着各自的趋势，但是都没有到达极限，保留了一些活动的空间，比如前元音的[i:]、[I]，后元音的[u:]、[ʊ]、[a:]，高元音的[i:]、[u:]和低元音[ɒ]。[ʌ]原本属于后元音，但是在发音的时候舌位向前移动，因此就成为央元音。我们在学习这些英语元音时很容易忽视这些细微的差别，中国的学生更加习惯在发英语元音的时候采用汉语元音发音的舌位和方法，这就很容易造成口音和混淆，尤其是发[i:]、[I]、[ɔ:]、[ʊ]、[u:]时。

（三）英汉复元音对比

复元音分二合元音（diphthong）和三合元音（triphthong）。复元音各成分的音强、音长和清晰度是不一样的，其中一个发得响亮、清晰、滑移段较长，其余的成分发音弱短而含糊。英语的8个复元音都是二合元音，而且都是前响二合元音（falling diphthong），只有[ɪə]、[ʊə]在弱读音节中才可读为后响音（rising diphthong）。而汉语的二合元音中有[ai]、[ei]、[au]、[ou]4个前响音，还有[ia]、[ie]、[ua]、[uo]、[üe]5个后响音。英语和汉语中有4对二合元音发音很接近，它们是[aɪ]—[ai]、[eɪ]—[ei]、[aʊ]—[au]、[əʊ]—[ou]。它们的相似表现在（1）音标相似；（2）都为前响元音；（3）舌位滑移的方向基本都是一样的；（4）都属于合口元音。但它们之间是有一些差别的。音域的二合元音在第一个成分时音质是比较稳定的，元音的发音是比较紧张的，但是比较完整，滑移的速度比较慢，直线动程，因此听着比较清晰。汉语的二合元音第一成分和第二成分的音质都不太清晰，发音不完整。比如普通话[ai]的第一成分，有人发成[æ]，也有人发成[a]，第二成分倾向于发成[e]或者[ə]。这样，[ai]的实际发音是[æe]或[aə]。

汉语的三合元音在中间的那个成分一般比较响亮，占据的滑移段比较长，剩下的前后成分就相反，比较弱且短，发音含糊。这种就属于真正的三合元音，这是从语音的生理特征来说的。对于英语中的 player['pleɪər]、flower['flaʊər]，有的人将这两个的元音归为三合元音，但是我们具体来看这两个词语的发音特点，其中，元音的第一成分最强，第三成分次强，剩下的中间成分反而是最弱的，发音的时候肌肉需要经历两次紧张，明显和三合元音的特点不相符，因此比较这两个元音更适合看成前响二合元音与[ə]的组合。

从元音系统的差异我们可以看出中国人和英语国家的人在心理特征和思维方式上有着明显的差异。英语的语言结构和形式都十分严谨和规范，结构更加简单，十分干净利索。元音分类有较高的对应性，因此配置上也十分均匀，整体的元音系统有着层次分明且单调的特点，比较容易掌握。

正如叶斯柏森归纳英语特点时所说的"英语是一种条理清楚的"和"头脑清醒的语言"。在语音上，也像在语法、句法和其他方面一样，表现出成熟的、刚直的"男性化"特点。在中国传统文化的影响和调控下，我们形成了汉语。再看我国的传统文化，它是由两种因素决定的，一种是以辩证数理逻辑为核心的民族逻辑心理结构，另一种是直观体悟的认识方法。我国的理性主义和西方的理性主义不同，更加具体化，因此也称为"具体的理性主义"。这也就导致我们不管是思维还是想象都更加具体和细致。这体现在汉语上就是具有结构繁杂、对勘和气韵的传统。在汉语的语音结构中，可以将这一特点体现出来：一方面表现为元音的音类多，不仅有舌面元音，还有舌尖元音和卷舌元音。另一方面，汉语的元音具有很多层次，包括单元音、二合元音、三合元音和带有鼻辅音的元音。这些多合元音展现出来的柔韵性、层次性的特点也让汉语展现出丰富多彩的魅力。中国人不像西方人刻意追求语言形式的平衡和对称，更加看重对事物的感知，要根据自己的感知和现实，形成语音系统。

二、英汉辅音系统对比

不同语言中，辅音选择的发音部位和发音方法有很多相似之处，因为人都是要靠舌头、嘴唇和牙齿等发声器官发音，利用这些器官进行塞、擦等发声动作进行发音，正是由于这些发声部位的配合方法不同，才造成语言的发音特点。

（一）英汉辅音系统的组成

英语的辅音有 28 个，汉语有 22 个，英语和汉语的鼻辅音及边音的发音完全相同；成对的塞音及其发音部位也基本相同，但是它们却有着不同的特征。有一些音听起来是比较相似的，但是具体的发音部位和方法却天差地别。我们可以根据下表分析这些区别。（表 2-1-1、表 2-1-2）

表 2-1-1　英语辅音分类表

发音方法 发音部位	塞音		塞擦音		擦音		鼻音	边音	无擦延续音	半元音
	清送气	浊不送气	清送气	浊不送气	清	浊	浊	浊	浊	浊
双唇音	p′	b					m			
唇齿音					f	v				
齿音					θ	ð				
齿龈音	t′	d			s	z	n	l		
齿龈后音									r	
硬腭齿龈音			tʃ	dʒ	∫	ʒ				
硬腭音										j
软腭音	k′	g					ŋ			w
声门音					h					

表 2-1-2　英语辅音分类表

发音方法 / 发音部位	塞音		塞擦音		擦音		鼻音	边音	半元音
	清		清		清	浊	浊	浊	浊
	不送气	送气	不送气	送气					
双唇音	b	p					m		
唇齿音					f				
齿音			z	c	s				
齿龈音	d	t						n	l
齿龈硬腭音			j	q	x				
硬腭音			zh	ch	sh	r			
软腭音	g	k			h		ng		

（二）英语阻塞音的强/弱与清/浊问题

谈到辅音我们不得不从清/浊与强/弱这两对特征说起。传统的语音学把英语辅音分成清音和浊音两大类，在成对的塞音、塞擦音和擦音中都以清音（voiceless）与浊音（voiced）为区别特征。然而，许多语音学家对于这对概念持有不同观点，因为浊音只在两个元音之间才保持充分的浊音性，在许多情况下区别性的浊音特征会丧失。吉姆森仔细研究和总结了传统的和当代英语语音学的研究成果，并在充分考虑现代英语的实际情况后，在 1962 年，吉姆森出版了《英语语音学导论》（*An Introduction to the Pronunciation of English*），在这本著作中，吉姆森卡开始用强辅音（fortis）和弱辅音（lenis）这对术语，用来取代清辅音和浊辅音。吉姆森认为，英语成对的辅音的区别在于以带声与否相区别，还以发音时呼气强弱和肌肉用力的程度相区别。发强辅音时，发音器官肌肉用力强，呼气使劲大；发弱辅音时，器官肌肉较松弛，动作从容，呼气不太用力。所以，清阻塞音都是强音，浊阻塞音都是弱音。在浊音性特征有时不起作用的情况下，发音气力（energy of articulation）的强弱便成为一个非常重要的区别性因素。因此，吉姆森认为强/弱特征是相对来说更稳定的、更具有实质性的语音特征，也是更具有普遍性的特征。

（三）英汉辅音特点的综合分析

1. 英语的强/弱辅音与汉语的送气/不送气辅音

英语的辅音可以分为清音和浊音两类，浊音的数量要比清音多。英语的辅音中不包含[tr]、[dr]和[ts]、[dz]可以有 8 对辅音形成整齐的强弱对立，包括 4 对擦音、3 对塞音和 1 对塞擦音。将强音和弱音区分开来可以辨别语义，比如 pig—big，cot—got，feel—veal 等词，我们可以看到这几个词语的首字母是不同的，也就是首辅音的强弱不同，可以将这些词语的意义加以区分。在英语中，塞音和塞擦音在送气和不送气上是有区别的，但是这种区别对意义的影响不大，比如说 speak 中的[p]在[s]之后应该是不送气的，但是如果发成送气音并不会改变词语的意义。但是汉语和英语在这方面是不同的，在汉语中，清辅音占据辅音的大多数，浊音只有 5 个。汉语的塞音和塞擦音都是3 对，这种情况下，只能运用送不送气来区别词语的意义，比如，jīng huá（精华）和 Qīng huá（清华）、dūn xià（蹲下）和 tūn xià（吞下）、bù zi（步子）和pù zi（铺子）等。在汉语中，阻塞音的送气和不送气的关系和英语中的强音和弱音的关系是一样的，都属于对立的关系。

2. 英语的龈类音与汉语的硬腭音

英语中包含了多个龈类辅音，这些辅音的发音部位在齿龈、齿龈后部或齿龈-硬腭部位，一共有 11 个，包括擦音[s]、[z]、[ʃ]、[ʒ]，塞音[t]、[d]，塞擦音[ts]、[dʒ]，鼻音[n]，边音[l]，无摩擦延续音[r]这 11 个。如果辅音的连缀也算龈类音，还包括[tr]、[dr]、[ts]、[dz]。在英语的龈类音中，其中有几个音功能的负荷量十分大，也就是[t]、[d]、[n]、[l]、[r]、[s]、[z]这几个音，它们的使用频率很高，超过了辅音音位的使用频率。基于这个特征，英语发音的时候一定要注意发好龈类辅音。汉语中包含了多个硬腭音，这个辅音的发音部位在舌尖—硬腭或舌面—硬腭，一共有 7 个，差不多占辅音的三分之一，使用频率最高的是 sh、zh、j、x。其中 4 个舌尖—硬腭卷舌音 zh、ch、sh、r 十分特殊，这几个舌尖—硬腭卷舌音在很多语言中都没有发音，因此这也是其他语言母语者学说汉语的难点，要想学好汉语的语音，就一定要学会这几个硬腭音。

（四）容易混淆的英汉辅音对比

不管是英语还是汉语，在它们的辅音中包含了不少擦音和塞擦音，但是这些分别归属于英语和汉语的擦音与塞擦音是不同的，如果初学者不能够明白这几个音的区别，就很容易混淆替代，形成口音。这里举一些最容易混淆的辅音来比较一下。

1. 英语[s]、[z]与汉语 s、z

英语中，[s]、[z]属于齿龈擦音，在发音的时候舌头的顶端会贴近上齿龈。在汉语中的[s]也属于擦音，虽然看似乎和英语的[s]是一样的，但是在发音的时候舌尖是向前平伸的，和上齿背十分接近，属于齿音，也没有对应的浊音。学生在英语发音中，发[z]时比较容易出现错误，经常会采用汉语中的 z 来替代，比如说把 zoo[zu:]发成[zu]（租）。汉语中，z、c 是齿（舌尖前）塞擦音，在发这几个音的时候气流会受到舌尖和上齿背的阻碍，从留下的窄缝中挤擦发出。剩下的 z 的发音，汉语和英语的发音部位和发音的方法是不一样的。

2. 英语[θ]、[ð]与汉语 s、z

英语中，[θ]、[ð]属于齿间擦音，在发音的过程中，舌尖轻轻触碰上齿的边缘和内侧，还有一种发音方法是将舌尖放在上下齿之间，舌头两侧分别贴在上排两边的牙齿，这样就会使发声的气流从舌尖和上齿之间的窄缝发出，形成摩擦音。但是在汉语中并没有这样的发音。学生在学习发出齿间擦音的时候用齿擦音和齿塞擦音 s、z 代替，尤其是在发 this、that、these 等这些词语时，就会出现很重的口音。

3. 英语[ʃ]、[ʒ]与汉语 sh、x、r

很多人习惯用汉语中的 sh 或 x 代替英语的[ʃ]，代替[ʒ]用 r 来代替。比如，在发 show[ʃəʊ]的音时会发出 shòu（受）或 xiù（秀）。在英语中，[ʃ]、[ʒ]属于硬腭齿龈擦音，在发这两个音的时候舌尖和舌两端会贴着齿龈后部，同时舌身向硬腭抬起。当舌头的两端贴近上排的两边牙齿的时候，会从舌面和硬腭、齿龈之间挤擦出气流，双唇呈现圆形并微微突出。在汉语中，sh、r 是舌尖—硬腭（舌尖后）擦音，也可以称为"卷舌音"，在发出这两个音的时候，舌尖是呈上翘的状态并接近硬腭前部，两个部位之间形成窄缝，舌身微微下凹，这样就会从舌尖和硬腭前部形成的窄缝挤擦出气流，发出的声音音色是比较硬的。汉语的 sh、r 的发音部位比英语的[ʃ]、[ʒ]稍微向后，两者的舌头活动情况也不相同。汉语的 x 和英语的[ʃ]发音相似，但两者的发音部位并不在同一处。x 是齿龈—硬腭（舌面）擦音在发音时舌头的前部和硬腭的前部是接近的，形成的阻碍气流部位也比[ʃ]更靠前，舌头和硬腭接近的面要比[ʃ]小。

4. 英语[r]与汉语 r

我们通过前面的介绍已经知道汉语中的 r 属于硬腭擦音也就是卷舌音。这一汉语发音经常会被用来代替[r]的发音，尤其是在 row[rəʊ]、room[ruːm]等字音里，这样造成的口音异常明显。英语中，[r]属于齿龈后部无擦通音，在发这个音的时候会让舌尖在齿龈后部朝硬腭向上翘，但是这和汉语中 r 的发音部位不相同，并不接近硬腭，气流会从舌头的中部通过，也不会形成摩擦，双唇微微收圆。英语[r]与汉语 r 其发音的部位和方法都是不同的。

5. 英语[tʃ]、[dʒ]与汉语 q、j

两对音都属于塞擦音，发音的部位也十分接近，因此更加容易被混淆。[tʃ]、[dʒ]是硬腭齿龈音，它和擦音[ʃ]、[ʒ]的发音部位和唇形是相同的。汉语中 q、j 是齿龈—硬腭（舌面）音，和 x 的发音部位和唇形是一样的。如果要对比这两组音，可以说[tʃ]、[dʒ]形成的成阻部位略微靠后，舌头和硬腭间形成的成阻面更大。

6. 英语[tʃ]、[dʒ]与汉语 ch、zh

初学英语的中国人经常用 ch、zh 替代[tʃ、dʒ]，比如把 chew[tʃuː]发成 chù（触），把 jew[dʒuː]发成 zhù（注）。汉语 ch、zh 是硬腭（舌尖后）塞擦音，也是卷舌音，发音部位与汉语擦音 sh 相同，但发音方法不同。与[tʃ]、[dʒ]相比，ch、zh 的成阻部位稍靠后一些，气流受阻面窄一些，音质也硬些。

7. 英语[h]与汉语 h

这两个音都属于不带声的擦音，因此听起来是比较相似的。我们的学生在学习英语[h]的发声时很容易就发成汉语 h[x]，尤其是在读 he，him，his，her 等的时候更容易出现这种情况。但是这个音的发音部位一点也不相同，当发英语[h]，会从微微张开的声门中挤擦出气流，因此也称这种发声为"声门擦音"。在汉语中的 h[x]进行发声时，气流发出的部位是舌后部与软腭之间的窄缝，称为"舌根擦音"，相比较而言，[x]的摩擦声更加粗浊。

8. 英语[tr]、[dr]与汉语 ch、zh

在过去旧的理论中，[tr]、[dr]属于两个独立的塞擦音，后经过吉姆森的新理论体系，这两个音就变成了塞音[t]和[d]与[r]的连缀。在发音的时候，舌头紧紧抵在上齿龈的后部，其他的发音情况和[r]相[r]是一样的。在汉语发音 ch、zh 时，舌头的尖端会紧贴着硬腭的前部，但是舌面的凹陷程度不如[tr]、[dr]。在发 true[tru:]、drew[dru:]时经常会发成 chù（处）、zhù（注），需要注意纠正这些问题。

9. 英语[ts]、[dz]与汉语 c、z

英语的[ts]、[dz]是塞音[t]、[d]与擦音[s]、[z]连缀而成，成阻部位在齿龈。这两个音从不出现在英语词的词首，只有几个外来词（如 tsar，tsetse）例外。汉语中的 c、z 都是属于独立的辅音音位，称为塞擦音，这两个音和英语的[ts]、[dz]十分相似，但是 c、z 的成阻部位不是齿龈，会在舌尖和上门齿背间形成阻塞。c、z 只能在声母处出现，不能出现在音节的尾部，这也是和英语的不同之处。

三、音节

在语言学中，音节是一个相当复杂的概念，既可以从发音语音学角度又可以从声学语音学的角度进行描述。下面，我们从音位学的角度进行分析。在音位学中，音节是语言中由一组音位构成的最小的语音使用单位。我们要对比的是音位之间的一种横向组合关系，即音节结构。

（一）音节结构类型对比

对比不同语言中音节结构的异同，首先就要将对比语言中允许出现的音节结构的一般类型进行对比。音节可以根据它们在结构中的不同功能来划分。可以分成两大类，一类是辅音（C），属于音节中的辅助成分；另一类是元音（V），属于音节的中心成分。在语言中，我们最常见到的音节结构类型是一个元音再加一个辅音，也就是 CV。在这种结构中，其中的辅音 C 是可以不用出现的，最后就会形成一个由单独元音 V 组成的音节。剩下比较常见的音节类型结构是 VC 和 CVC。这几种音节类型中，有的以元音收尾，就可以称为开音节，有的是以辅音收尾，就可以称为闭音节。一般来说，这四种基本的音节类型都会同时出现在大多数语言中。当然，这四种属于基本的音节结构，它们都有扩展的功能，形成新的音节结构。我们可以对比一下英语和汉语的音节结构类型。

1. 英语音节结构类型

从结构而言，英语音节分为三个部分：音首（onset）、音核（nucleus）和音尾（coda）。音节中最突出的部分是音核，相当于汉语音节韵母中的韵腹部分。音首指音核前所有的辅音，相当于汉语音节的声母部分；音尾指音核后的辅音部分，相当于汉语音节的韵尾部分。每个音节必须有音核，而音首和音尾则不一定有。如 oil[ɔɪl]有音尾而没有音首；he[hi:]有音首而没有音尾。有些音节就由一个音核构成，如 I[ai]。

与汉语音节结构相比较，英语的音节有如下几个特点：

（1）音节中最少须有 1 个元音，但最多可以有 8 个音，如：

CCVCCCC：glimpsed[glimpst]；

CCCVCCCC：scrambles[skræmblz]。

（2）音节中音位结合较自由，音节类型比汉语音节多。其中，与汉语共有的结构类型有：V（ah[a:]）、VV（I[ai]）、CV（tea[ti:]）、CVV（my[mai]）、VC（an[æn]）、VVC（oil[ɔɪl]）和 CVC（man[mæn]）。另外，还有十余种含有辅音连缀的结构类型，如表 2-1-3 所示。

表 2-1-3　英语含辅音连缀的音节结构主要类型

音节类型	例词
VCC	east[iːst]
VVCC	old[əʊld]
VCCC	asks[aːsks]
CVCC	desk[desk]
CVCCC	next[nekst]
CCV	free[friː]
CCVV	play[pleɪ]
CCVC	please[pliːz]
CCVCC	threads[θredz]
CCVCCC	prompt[prɒmpt]
CCVCCCC	glimpsed[glimpst]
CCCV	straw[strɔː]
CCCVV	spray[sprei]
CCCVC	screen[skriːn]
CCCVCC	strict[strikt]
CCCVCCC	strenghths[streŋθs]
CCCVCCCC	scrambles[skræmblz]

（3）音节中以辅音占优势，存在大量复辅音，且以闭音节居多。

2．汉语音节结构类型

我们都知道，汉语的音节一般来说可以分为三个部分，包括声母、韵母和声调。其中韵母又可以细分，划分成韵头、韵腹和韵尾，因此，我们也可以将汉语的音节划分成声母、韵头、韵腹、韵尾、声调。这五个部分并不是每次都齐备的，有的时候只出现其中的几个。汉语普通话的音节结构类型包括：

V（阿、姨、饿、五、鱼）、VV（爱、熬、欧、叶、月）、VVV（卫、油、咬）、CV（八、坡、的、塔）、CVV（宝、牌、某、烈、学）、CVVV（腿、

六、角）、VC（安、昂）、VVC（婉、元、网）、CVC（班、疼）、CVVC（边、团）。

我们从上述的元辅音线性序列的规律可以总结出汉语的音节的特点：

（1）音节中至少要有一个元音，音素最多只能有 4 个。

（2）元音在音节中占据绝对优势，音节可以出现两个或者三个元音的连排，其中开音节占比较大。

（3）音节可以没有辅音，没有辅音连缀这一说。

从音韵学的角度来说，上述汉语音节类型可以归入一个简单统一的模型：声韵母的组合。声母和韵母的确定依据的是语音成分在音节中的位置。处在音节之首的辅音是声母，声母之后的部分是韵母。韵母既可以是元音，也可以含有辅音韵尾。包含若干个元音的韵母中，第一个元音是韵头，是介于声、韵之间的一个过渡音；第二个元音是韵腹，是音节的核心；第三个元音是韵尾。每个汉语音节都可以分为声母和韵母两个部分。有的音节只有元音，开头没有辅音。我们把这样的音节称为"零声母音节"。零声母在汉语声韵组合的音节中具有重要地位。

汉语的音节结构，除了音节的组合可分为声母、韵母两部分之外，还必须伴有一个声调，形成声、韵、调三者的一一对应。有关汉语的声调，我们将在下节中详细论述。

（二）音节结构内部规律对比

英语和汉语在音节结构类型上存在很大的差异性，其音节结构内部的规律相应地也存在区别。

1. 英语音节结构内部的规律

英语音节结构的特点，即音位的组合规律，突出地反映在词首和词末辅音群的组合上。

我们先讨论音首。英语和汉语的音节一般都有音首，但有些音节可以无音首。在汉语中，这种情况称为零声母，而在英语中则称为零音首。以零音首开头的音节实际上就是以元音开头的音节，如 are 和 ant。英语的元音，除 [u]和[uə]以外，其余的都可以出现在词首。在英语中，除了零音首的情况之外，音首部分可以是一个辅音，也可以有两个甚至三个辅音。哪些辅音可以单独作音首，哪些辅音可以组合成复辅音，排列的先后又如何，要受以下规律的制约：

（1）词首辅音：如果词首只有一个辅音，这个辅音便称为词首辅音（initial consonant）。除了[ŋ]以外，其他的英语辅音都可以单独做词首辅音，不过[ʒ]在词首的机会极少，只在几个外来词里才可能出现。[dʒ][tʃ][ʒ][ð][z]只能单独作词首辅音，其他辅音除了作词首辅音外还可以与其他辅音形成连缀，做词首辅音群。

（2）二合词首辅音群：由两个辅音组成的词首辅音群，可以分为两类。一种类型是[s]加上[k][p][t][f][m][n][l][j][w]中的一个。如 spit[spit]，smell[smel]，suit[sju:t]。另一种类型范围较广，它的词首可以是爆破音[p][b][t][d][k][g]，摩擦音[f][θ][s][ʃ][h][v]，鼻音[m][n]和边音[l]其中的一个，后面紧跟的是[j][w][l]和[r]中的一个。

（3）三合词首辅音群：由三个辅音组成，其中第一个辅音必须是[s]，然后加上清塞音[p][t][k]中的一个，再加上流音[l][r]或者滑音[j]和[w]中的一个。如果第二辅音是[t]，第三个辅音只能是[r]或者[j]，例如 splash[splæʃ]，spread[spred]，skew[skju:]，strike[straik]。

接下来再看音尾。英语的音尾包括了音核后面所有的辅音。英语的闭音节既允许单个辅音结尾，也允许两个、三个甚至四个辅音连续排列作结尾，词尾的辅音及辅音群的组合也是有规则可依的。

（1）词尾辅音：当词尾只有一个辅音时，该辅音便称为词尾辅音（final consonant）。英语中，除了[j][w]和[h]之外，其余的辅音都可以充当词尾辅音。[r]作词尾辅音只出现在美国英语中。另外，有些辅音作词尾辅音时其前面的元音是有条件限制的。例如，[ʒ]只在一些来自法语的词的词尾，而且只在[i:][a:][u:][ei]之后，如：rouge[ru:ʒ]，garage['gera:ʒ]和 prestige['presti:ʒ]。

（2）二合词尾辅音群：由两个辅音组成的词尾辅音群，可以分为两类。

其一，词尾前音[m][n][l][s][ŋ]中的一个，加上词尾辅音，如：thank[θæŋk]，fast[fɑːst]和lunch[lʌntʃ]。其二，词尾音十词尾后音[t][d][s][z][θ]中的一个，如，fits[fits]，heads[hedz]，washed[wɒʃt]，fifth[fifθ]。

（3）三合词尾辅音群：由三个辅音构成的词尾辅音群，也可以分为两类。其一，词尾前音＋词尾音＋词尾后音，如 twelfth[twelfθ]，jumped[dʒʌmpt]，banks[bæŋgks]。其二，词尾音＋词尾后音＋词尾后音 z，词尾后音：仍然由[t]、[d]、[s]、[z]、[θ]之一充当，如 ninths[nainθs]，sixth[siksθ]，next[nekst]，grasped[grɑːspt]。

（4）四合词尾辅音群：词尾带四个辅音的英语词很少见。大部分四合词尾辅音群可以分析为词尾前音＋词尾音＋词尾后音 1＋词尾后音 2，如 glimpsed[glimpst]。也有一小部分可以分析为词尾音＋词尾后音 1＋词尾后音 2＋词尾后音 3，如 sixths[siksθs]，texts[teksts]。

2. 汉语音节结构内部的规律

汉语声母和韵母的配合受到很多规律的制约。汉语音节对韵头位置上能出现的因素有着严格的限制，使得韵母的结构呈现出简单而有条理的规律性。也就是说，在辅音声母的发音部位与元音韵母的唇形，即韵母四呼：开口呼（开）、合口呼（合）、齐齿呼（齐）和撮口呼（撮）配合上有很强的规律性，归纳起来主要有以下几点：

（1）b、p、m、d、t 能跟开口呼[i]、合口呼[u]、齐齿呼[a][o][ɣ]韵母相拼，但不能和撮口呼[y]相拼。

（2）f、g、k、h、z、c、s、zh、ch、sh、r 能跟开口呼[i]、合口呼[u]韵母拼合，但不能和齐齿呼、撮口呼韵母拼合。

（3）j、q、x 和（2）中的声母是正好相反的，这几个可以和撮口呼、齐齿呼韵母拼在一起，但是不能和开口呼、合口呼韵母相拼。

（4）n、1跟四呼的韵母都可以相拼，零声母音节在四呼中都有。

对于汉语的普通话，其音节的结构是很简单的，并且数量也不多。不划分声调的普通话音节共有 432 个，当然这里不包含儿化音和轻声。如果划分声调的情况下，不是每一个音节都有着 4 个声调，剩下的带调的音节只有 1 376 个。

（三）英语音节的开放性和汉语音节的封闭性对比

1. 英语音节结构的开放性

英语的音节不是与词和概念单一对应，而是一个词对应 n 个音节，也就是说，和意义相关联的音节既可以是一个，也可以是两个、三个，或者更多。由于不受意义的制约，英语音节呈现出不同于汉语的一系列特征。

首先，与汉语具有封闭性的特点不同，英语的音节结构是开放的。这里的开放性主要有两层意思，一层意思是音节之间的界限是模糊的，同一个音素在意义有相关性的一组词语中，语素的组合不同，有很大概率被分到不同的音节中。比如说 ball 中的[1]在多音节的 salon 中，和后面的元音[ə]组合，形成了一个新的音节，并不再属于第一个音节的词尾辅音。但是汉语中并不会出现这种情况。汉语中，由于音节会受到声调和意义的影响和制约，不能移动音节之间的界限。剩下的一层含义是十分容易打破词间的音节界限。在语流中，由于由不同的词组成，前一个词的词尾辅音和后一个词的元音是比较容易结合起来的，形成新的音节，这就是连读，比如 a name 和 an aim 的读音听起来都是[əneim]。

其次，由于英语音节间乃至词间的音节界限不清，因此英语音节不像汉语音节那样在听觉上特别突出，易于辨认。于是，音节内音素的"个性"就凸显出来。英语发音是以音素为单位一个一个拼出来的，每个音素在音流中都占有一定的时间和空间，前后的连接拼合过程听起来清清楚楚。

从音节的外部看，英语的音节具有开放性，内部的音素组合也有着很高的"透明度"，每一个音素都有着自己的个性。但是汉语的音节具有封闭性，有的时候还是孤立的音节，有着十分明显的界限。

2. 汉语音节结构的封闭性

在汉语中，音节的数量虽然不多，但是却担任着十分重要的作用。因为汉语的音节和意义之间有着密切的联系，因此我们说汉语属于单音节语。汉语的每一个字都有一个对应的音节，都有一个概念，音节总是和意义是相对应的，这也是汉语的一个基本的特点。汉语的音节具有十分强烈的封闭性，这也是由音节和意义的关联性造成的。汉语的音节不会出现连读的情况，单独念一个音节是这样，即使将音节放在语流中一起念，也还是有着十分清晰的界限。在写汉语拼音的时候，将辅音韵尾音节和零声母音节组合时，要在中间加上一个隔音的符号（'），将两个音节分隔开，因为不加分隔符号，很容易就容易出现歧义，比如我们在写"翻案"的拼音时，要写成 fan'an，因为去掉隔音符号就会变成"发难"了。

为了保证汉语音节的封闭性和独立性，也要注意汉语的声调。声调是附着在音节之上的超音段成分，一个音节就是一个声调。声调将声母和韵母形成的音段形成一个不容易分割的"音块"，在"音块"内，各个音素之间也有着很强的凝聚性，这种凝聚性使音素拼读连接的痕迹也被消磨掉了，对内具有凝聚性，对外，这种"音块"又有很强的排他性和离散性，使得外音节的因素很难融合进去。

汉语音节的辅音声母或带辅音性质的零声母使得汉语音节之间具有离散性，声调通过音高的变化方式使得音节的内部更加具有凝聚性。汉语的音节都是单独的、封闭的个体，并且每个音节对应着不同的字形和概念，形成音形义三位一体的结构。

第三节　英汉轻、重音对比

一、英汉语轻重音的声学分析

（一）汉语的"轻声"就是轻重音的"轻音"

无论是说什么语言的人，在说话的时候或者念多音节词语的时候，发出的多音节响亮程度是不同的，有响亮和微弱的区分，响亮的就是重音，微弱的就是轻音，有的时候也称为弱重音。比如说单词"Saturday"，第一个音节重读，剩下的音节弱读。英语的口语中会有很多的虚词出现，比如 a（n）、of、can、and 等，这些虚词都要微弱地读，也就是这些虚词就是轻音。不光在英语中，汉语也有音节轻重的差别，但是一般没有英语的明显，但是一些特殊词汇或者助词，比如"买·卖"，"东·西"中的第二音节以及"的、地、得、着、了、过"等读的时候会是明显的短弱音。轻音在读的时候音长缩短，声调的幅度几乎没有，音高的作用只起到决定音节起音的作用。从声学特点来看，我们可以将"轻声"的音节看成是轻重音的"轻音"。

（二）英汉语轻重音不同的声学征兆

重音的结构和来源都十分复杂，音高、音质、音强和音长都和重音有关系。轻重音的声学征兆表现在三个方面，当然，对于不同的语言来说，侧重点又是不同的。

英语的重音一般看成是音高、音质、音强和音长的综合体，它的声学征兆要分清主次。弗赖伊（D. B. Fry）曾对´object/ob´ject等词进行过听辨分析，得出的结论是：英语重音中，音高是最重要的征兆，然后是音长，其次是音强，最后是音质。

（三）语音的四要素在英汉语轻重音中的不同表现特点

在汉语中，普通话的音高变化可以对重音节产生十分关键的辨义作用，在分辨轻重音的时候多以音长为主。重音音节相对于非重音音节调域更宽、读得更长，并且调型也更加完整。轻音的时长是重音音长的一半，调域也变得更窄，不能充分展现其调型，音高具有模糊性。轻音的音量更小，这就使人们发轻音的时候发音器官肌肉呈松弛状态，因此发音不能正常到位，最终得到的轻音音色并不响亮和清晰。轻音中元音的韵母呈现明显的缩减现象，如果口语速度加快，还可能直接消失。

英语单词中，重读音节的音调都比较高，这种音高的变化可以突出重音，但是并不能将意义区别开来。音长方面，重音要比非重音读得更长，但是由于在英语的语句中，重音的出现具有等时性，在重音之间的非重音其数量是不等的，因此造成了重音的长短没有相对稳定的比例。英语中，音强的听辨轻重音的作用要比汉语的明显得多，音强配合音高，音长产生差别较大的语音能量。英语的轻重音节的响度和清晰度有很大的差别，如果快速口语阅读的话，非重读音节的元音就会弱化甚至直接消失，这在汉语中出现的频率没有英语高。

二、英汉语轻重音与语义、语法的关系

英语和汉语的音韵体系和文字形态都不相同，英语相比汉语更加重视重音在语言中的应用。在汉语中，轻音的应用反而要比重音要更受重视，因为轻音在汉语中作用更大，这也是汉语和英语的发音不同之处。汉语的轻音不仅可以出现在双音节或者多音节中，还可以在语句中应用。轻音在一小部分词语中与相应的重音构成对立，这样我们就可以根据轻音和重音的区别来区分词义和词性了。在汉语的语句中，我们可以通过轻音来辨别说话人的语气，也可以分析语言结构的层次。这样，我们看待汉语中的轻音就不能把它当成是纯粹的语音弱化现象了。下面我们要从语言功能的角度比较英语和汉语的轻重音。

（一）英语重音与汉语轻音的区别功能

（1）英语词重音位置的变化可以区别同形词的词义和词性。例如：

´refuse（垃圾，名词）　　re´fuse（拒绝，动词）

´minute（分钟，名词）　　mi´nute（精细的，形容词）

´commune（公社，名词）　　com´mune（谈心，动词）

´overall（罩衣，名词）　　over´all（全部的，形容词；大体上，副词）

在汉语的极少数双音节词中第二音节是否读轻音也可以区别词义和词性，例如：

大意（主要意思，名词）　　大·意（疏忽，形容词）

下场（退场，动词）　　下·场（人的结局，名词）

（2）英语词重音位置的变化可以区分同形、同类词（或词组）的意义，例如：

´desert（沙漠，名词）　　de´sert（功过，名词）

′undertaker（殡仪员，名词）　under′taker（承办人，名词）

′glasscase（眼镜盒）　　　　glass′case（玻璃盒）

′French teacher（法语教师）　French ′teacher（法籍教师）

（3）英语重音位置的变化可以改变词的组合性质，区别短语与复合词。例如：

短语

black ′bird（黑色的鸟）

tall ′boy（高个子男孩）

short ′hand（钟表的时针）

four ′ways（四条道路）

复合词

′blackbird（乌鸦）

′tallboy（高脚柜）

′shorthand（速记）

′fourways（交叉路口）

汉语中有些字读不读轻音也可以改变词素的组合性质，区别短语和复合词，例如：

短语

干粮（干的粮食）

管家（管理家务）

夫妻（丈夫和妻子）

复合词

干·粮（预先做好供外出食用的主食）

管·家（地位较高的仆人）

夫·妻（夫妇）

（二）英语重音和汉语轻音在构词造语中的语音标志作用

英语的重音和构词法关系密切。英语的形态变化十分丰富，在英语词汇的结尾为加上各种词缀就会形成新的词语，词语本身就有动词、名词、代词、形容词等词形变化来表示出时态、数格、比较级以及语态等。这些就属于复音节词语，语音标志就是重音。

（1）词的重音可以区分词干和变形词尾。在一些固定的变形词中，重音一般就落在词干上，变形词尾就采用轻读。比如：

名词阴性：ʹhost-ess、ʹactr-ess、ʹmistr-ess

名词复数：ʹdish-es、ʹox-en、ʹchild-ren、pheʹnome-na

动词现在时第三人称单数：ʹmatch-es、ʹmanag-es、ʹwash-es

动词的分词：ʹread-ing、ʹsay-ing、inʹvent-ed、ʹbeat-en

形容词，副词的比较级和最高级：ʹlarg-er、ʹlarg-est

（2）有一部分词语的词根和词缀需要重音来区别。一些固定的派生词中，重音一般会落在词根上，剩下的部分不用重音。例如：en-ʹslave，a-ʹsleep，ʹuse-ful，ʹhelp-less，ʹsudden-ly。有的词虽有两个重音，其主要重音仍在词根上，如 mis-ʹlead，il-ʹnatured，un-ʹmatched。

（3）由于词类或者语法形式的原因，有一些词不能直接构成词组，这就需要借助单一重音形成复合词，或者带双重音或者加上连字符也会形成不同的复合词。比如：

名词＋动词：ʹdaybreak、ʹsunset、ʹearthquake

名词＋形容词：ʹhomesick、ʹmilk-white、ʹcolour-blind、ʹage-old、ʹrose-pink

副词＋名词：ʹdownʹstairs、ʹoutʹdoor、ʹoverʹseas

副词＋分词：ʹdeep-ʹgoing、ʹever-ʹlasting、ʹnewly-ʹbuilt、ʹself-ʹmade

形容词＋名词＋ed：ʹclear-ʹheaded、ʹgold-ʹhaired、ʹshort-ʹsighted

汉语和英语还有一种明显的不同就是汉语没有明显的形态变化，因此如果汉语也要表示上述的语法意义，就会在词语中加上词头或者词尾，也就是在这些名词、动词、副词或者代词等前方或者后方加上一些词语，词尾的部分一般都要读轻音。由于这种用法已经固定，因此我们可以直接将这种轻音的词尾作为一些词类或者某些语法成分的语音标志。如"子、头"可作为名词词尾的标志；"们"可作为名词代词复数的标志；"的、地"可以分别作为定语和状语的语音标志。

例如：

子——旗·子、桌·子、乱·子、幌·子

头——甜·头、念·头、苦·头、盼·头

们——我·们、他·们、同志·们、朋友·们

的——新鲜·的、漂亮·的、先进·的

地——迅速·地、努力·地、匆忙·地

虽然如此，因为汉语中只有轻音词尾可以作为语音的标志，总体数量是有限的，并且使用也没有语法上的强制性，所以汉语轻音的构词作用和英语的重音的作用相差比较大。汉语轻音词尾很多只是汉语词语双音化的一种手段，并不稳定，有时候为了节奏的需要，构词造句中并不需要，比如"旗·子"也可用"国旗""彩旗""红旗"等代替；汉语普通话中还有很多方言转化过来的词语，比如"甜·头"就是"好处、利益"的意思；"的"和"地"在口语中也经常会省略，比如努力（地）拼搏，新鲜（的）蔬菜、匆忙（地）上阵。

（三）英汉语轻重音在语句中的作用

语句中，汉语重音和英语重音并不像在词语中相差那么大，还是有很多相同的地方的。首先，英语和汉语会根据情感表达需要、语义或心理以及语法的因素产生重音，因此可以将重音分成语法重音、逻辑重音和强调重音三种。在汉语中，一些非强调式的话语，一般都是由于句子的结构来决定语法重音，在这类句子中，一般是语义较强的实词才属于语法重音的成分，这样重音能够起到提示和突出某些成分的作用。比如说，在主谓语句中，重读的部分一般是谓语或者谓语的主要动词；宾语都重读的情况就是在主—谓—宾和主—谓—补—宾的句子中。可以看出，即使是同一个词语，在语句中的成分不一样，是否需要重读的情况也不一样。但是在英语中，重音的出现与否和词性是有密切关系的，实词需要表意，因此要重读，虚词和功能词没有什么表意的作用，就弱读。也就是英语中重音的作用就是用来突出主要内容的。

如果一个句子没有任何强调的成分，也不需要做对比，这个句子的实词不管是什么成分，都要重读。这里以"春天"（spring）一词为例进行比较：

It's ´spring.　　　　　　　现在是´春´天。

´Spring has ´come.　　　　春天´来了。

I ´like ´spring.　　　　　　我喜欢´春´天。

´Spring ´brings us ´hope.　春天带给我们´希´望。

逻辑重音自然要考虑的是行文的逻辑，根据上下文的逻辑关系来确定重音，因此这些重音的成分就带有对比和强调的功能。加强重音和人的心理因素相关，是为了强调人们在口语交际中的重心。语句重音属于语调研究的范畴，汉语和英语在这两种重音的用法上几乎没有差别。

另外，我们还要知道，英语的句重音是话语节奏结构的基础。在英语中，语句的重音出现的时距基本上总是相等的，这就导致英语的节奏性很强，因此也被我们称为"重音节拍语言"（stress-timed language）。

英语和汉语的轻音在语句中起到的作用不像重音，是有很大的不同的。英语的轻音属于纯粹的语音弱化的现象，并不是语法引起的，这种语音的弱化主要有三个作用：一个是让发音更加省力，说话更加流畅；二是反衬重音，突出重音所要表达的意思；三是形成一个以重音间时距大致相等为主要特征的、以重轻音节交替出现的节奏模式，这样能起到增强话语表现力的作用，更加具有韵律美。比如：

´This is the ´house that ´Jack ´built.

汉语的轻音也是因为弱化语音才导致的，但是汉语的轻音在语句上和句法结构和语调有十分密切的关系。汉语的结构轻音没有什么独立性，总是需要黏附于一定的成分后面，语音上需要黏附于前面的词和词组以及句子的最后一个重音节上，在语法上，需要黏附于整个词和词组以及句子的后面，这样的句子其实更加方便我们分析句法结构的层次，比如"们、的、地、得、了、着、过"等语法成分总是用作轻音，我们可以找到此类词就能知道要划分层次了。另外，赵元任、林焘都曾经提出过轻音和补语也是有关系的，有的轻音本身就可以作为补语来使用，比如：

趋向补语：起·来，走·去，放·下

结果补语：看·见，记·住，改·掉

汉语语句中还有一种"语调轻音"，它一般有语调重音与之对立，在相同的上下文里表示不同语气。例如：

这样好的工作，你·都不干！（没有想到你不干）

这样好的工作，你都不干！（那么别的工作你就更不会干了）

经过这几处对比，我们可以知道，英语和汉语的轻重音有一定的相似之处，比如语义、语法的练习以及声学性质词重音类型等。但是两者之间存在更多的差异，汉语和英语的轻重音在各自的语言中起到的作用是不同的，功能负荷也不同。这些差异产生于两种语言不同的音韵体系、不同的文字类型和不同的节奏特点。这些差异是我们在学习和研究这两种语言时，特别是在双语教学中，应该注意的问题。

第四节　英语的语调和汉语的声调

一、英语语调与汉语声调的调型与调值对比

调型是语调和声调的类型，指语调和声调的高低、升降的变化模式。英语的语调有七种基本调型，包括一个平调、两个升调、两个曲折调和两个降调。而汉语普通话则有四个具有区别意义的声调，分别属于平调、升调、曲折调和降调。汉语四声的音高变化对于中国人来说是根深蒂固的，常给英语语调教学带来干扰。如果把整个音域分为四等分，用赵元任先生（1980）的五度标调法进行比较，英语句末的语调和汉语声调的调型以及调值的异同就显而易见了。

（一）平调

汉语的第一声，即阴平是一个高平调，调值为 55。而英语句末的持平语调以中平调为主，调值为 44。中国人说英语时受汉语的阴平的影响，常常用

高平调去读成段的英语，听起来显得过于高亢、激动，而学汉语的外国人发汉语的第一声时，往往起调不够高，发成了中平调，致使在语流中难以与阳平和去声区分，达不到中国人说话那种抑扬顿挫的效果。

（二）升调

汉语的第二声阳平是调值为 35 的高升调；英语声调的起点都比阳平的低，而且以低升调的出现率高，高升调只在少数英语句型采用。一部分学生读英语的升调时，趋向于把嗓音提得很高，显得过于惊讶或唐突。英美学生学习汉语的阳平，普遍的错误是起点过低，终点又不够高。

（三）曲折调

汉语的第三声，即上声，是一个降升调，调值为 214。英语的曲折调有降升和升降两种。其中的降升调和上声比起来，起点比上声高，终点比上声低，降调部分的音幅比，上升宽，升调部分的音幅又比上声窄，所以看上去好像两个不同方向的勾。中国学生在念英语降升调时，往往降调部分起音太低，而把升调部分的终端音调提到太高，听上去特别别扭。而外国学生在发上声时，则表现为起调太高，跟着最低点也低下去，结果终点也就跟着往上走了一格，发成 324、435、535 的都有。所以英美学生所发的阳平和上声常常是混淆的。

（四）降调

汉语的第四声，即去声是一个高降（全降）调，调值为 51。英语的降调有高降和低降之分。高降调的调值和去声比较接近，只是起点稍低。低降调的调值约为 31。英语的高降调是一种比较轻盈的调子，在日常生活中出现的频率较高。而使用低降调则给人态度平静、温和，甚至漠然的感觉。中国学生在学英语时往往一律在句末用高降调，有时听上去与说话的情绪或者语体不相符。而英美学生在说汉语时则容易起点过低、终点过高，致使听起来落差不够，过于平缓，听上去和阴平差不多。

二、英语语调与汉语声调的功能对比

英语语调和汉语声调的区别不仅体现在音高变化所涉及的范围上，而且体现在语言的功能上。下面我们分别讨论英语语调的功能和汉语声调的功能。

（一）英语语调的功能

语调的节律与句子的结构和说话人的心理、情感、态度有关。狭义的语调指的是句子的音高变化。但从宏观上看，语调是口头语言的一个组成部分，在信息的传递过程中，除了信息的内容本身，说话人往往还要表明自己所持的态度、情感或者信息重点以及某些"言外之意"等。而参与形成这些"侧面"信息的主要有语调、重音、停顿等超音段语音要素，在信息的传递过程中，它们彼此依赖、相互渗透，因而完全可以把它们作为一个广义的语调复合体看待。在某个语句中，这个复合体中的语调调型变化对于信息的传递起主导作用，而到了另一个语句中，可能就是这个复合体中的重音或停顿上升为主要因素了。然而，总的来说，在英语口语信息的传递过程中，语调的作用比其他任何辅助成分都重要。现代语调研究不仅关注语调组的结构、调号的应用及调型的变化等语调自身的特点，也挖掘语调与句法、语义的关系以及语调与人的心理的关系。

1. 语调的聚焦功能

英语语调最基本的单位是语调组。一个语调组中可能有很多个词，但其中最重要的那个词的重读音节称为调核（nucleus）。调核以其最大的音高变化影响话语的意义和语调组的结构，是语调组中最重要的部分。调核位置具有标示语句信息焦点的作用。在口语中，句子的信息编排往往遵循从旧到新的原则，越靠近句子末尾，信息内容就越新。因此，落在语句末尾成分上的调核便称为常规调核，这类调核所示的信息焦点便称为常规焦点。常规调核是话语中最常用的一类，它向听话人提示语句中没有需要强调的部分。无论在英语中还是汉语中，说话人一般都把调核重音放在语调组或语句的最后一个实词上，也就是说，信息焦点放在语句末尾，例如：

（1）I'm going to Hong ′kong.（我要去香港。）

（2）The thief was finally ′caught.（小偷最终被抓住了。）

（3）这个发型很′时髦。

（4）我明天要′出差。

有时，为了突出话语中的某个部分而特别调整调核的位置，使之提前或出现在一般不出现的位置上，这类调核就称为有标记调核，而该调核所提示的就是有标记焦点。例如：

（1）′I'm going to Hongkong.（是我要去香港。）

（2）The thief was ′finally caught.（小偷总算被抓住了。）

（3）这个′发′型很时髦。

（4）我′明天要出差。

有时，使用有标记调核不只是为了强调语句中的某个部分，而是出于一种对比的目的，着重突出话语中的相关部分，这样就形成了对比焦点。例如：

（1）He isn't at ′school. He is at ′home.

（2）Is the box ′on the table or ′under it?

（3）每个人′都领了奖金，′你为什么没领？

（4）我只会′看电影，不会′演电影。

从上述例句可以看出，在言语交际过程中，说话人根据自己的预设，利用不同类型的调核作为聚焦手段，达到了传递重要信息的目的。

2. 语调的语法功能

语调是语法的一部分，它就像英语的时态、语气和不同类型的从句一样具有语法功能。首先，不同的调核类型可以标示句子的类型。例如："That's a good suggestion"这句话，如果读成降调，就是个陈述句，如果读作升调，就成了疑问句，而若是用降升调，那就表明话外有话，言不由衷了。

再看下列对话：

A：Jean, can you bring me the newspaper?

B：Sorry.

Jean 用升调说"Sorry"，其意思是"I didn't hear you. Could you say that

again, please?"但是，如果 Jean 用降调说"Sorry"，显然其意思是拒绝帮助或无能为力。

除了区分句类之外，语调组的划分、调核位置的确定还有助于区别语法结构、消除歧义现象。例如：

（1）区分限定性定语从句与非限定性定语从句

The boys who are ill can't come.

如果气息顿歇在 ill 和 can't 之间，ill 读作升调，则表明 who 引起的是限定性定语从句，全句的意思是"那些生病的男孩们不能来"。而如果气息顿歇在 boys 和 who 之间，boys 和 ill 都用升调朗读，则表明 who 引导的是非限定性定语从句，全句的意思就变成了"男孩们都生病了，不能来了"。

（2）区分句末的呼语和同位语

This is my old classmate, Helen.

如果 Helen 在降调 classmate 之后没有重读，那么 Helen 是呼语，意思是"海伦，这是我的老同学"。而倘若在降调 classmate 之后，Helen 自成一个语调组，并且与 classmate 同一调型，则说明它是 classmate 的同位语，意思是"这是我的老同学海伦"。

（3）区分同位语和列举

A：Who will go with us to New York?

B：Jean my daughter and her husband.

如果 Jean 后没有停顿且 Jean 和 husband 用降调朗读，表明"我的女儿珍妮和她的丈夫（要去）"。但是如若在 Jean 后有停顿且 Jean 和 daughter 都读作升调，则表示"珍妮、我的女儿和她的丈夫（要去）"。

（4）区分宾语从句与状语从句

Please wire if I am to come.

如果句中无停顿，则表明 if 从句是 wire 的宾语从句，重音在 wire 上，come 带降调，意思是"请拍电报说明是否要我来"；而如果 wire 带降调，come 带升调，并且在 wire 后有一个停顿，将一句话分为两个语调组，那么前一调组所表达的是主要信息，后一调组的 if 从句就是一个状语从句，传达次要信息。

3. 语调的辨义功能

汉语的声调有辨别字义、词义的功能。英语的语调在词汇层面没有辨义功能，但是英语语调在不同程度上会影响句子的意思。英语语调的辨义功能主要表现在一些否定句疑问句、定语从句和少数其他句型中。

（1）否定句

英语的否定句中，有时否定词和他们所要否定的词项相距甚远，不便于确定其否定范围，这就要靠语音手段来弥补。降升调在否定句中有重要作用。一般而言，降调表示"明确""肯定"，而降升调则是把降调的"断言、肯定"的意义和升调的"从属、不完整"意义结合在一起，从而表达对比、保留、暗示、反驳、告诫等含义。一般降调表示全部否定，而降升调则表示部分否定。如："She doesn't speak to anybody." 中，如果 anybody 读作降调，表示"她不跟任何人说话"，而若读作降升调则表示"她只跟某些人说话"。

在否定句中，降升调可以用来明确否定的范围和句子的意义。请看下面句子的语调与语义对比：

She ′didn't go to ′Britain because her ′English was poor.（降调。Because 从句被置于否定范围之外，所以意思是"她没有去英国是因为英语太差"。）

She ′didn't go to Britain because her ′English was poor.（降升调。否定的焦点置于 because 从句，而主句的语义则为肯定，因此意思是"她并不是因为英语差才去英国的"。）

从例句中可以看出，用降升调表示部分否定的方法是英语国家为了避免歧义，使语义明确而创造的一种特有的语音手段。

（2）疑问句与其他句子

下面四组句子，有的因为调型不同，有的因为调核位置不同，从而造成截然不同的语义：

① Kate has ′plans to write.（凯特有些计划要写。）

Kate has plans to ´write.（凯特已经计划要写了。）

② Both Europeans and Americans like ´drawing rooms.

（欧美人都喜欢客厅。）

Both Europeans and Americans like drawing ´rooms.（欧美人都喜欢作室内画。）

③ ´Can you ´spare me a ´few ´minutes?（可以打扰你几分钟吗？）

´Can you spare me a few ´minutes?（我可以离开几分钟吗？）

④ I ´thought it would ´rain (and it has). 我就知道要下雨（结果真的下了）。

I´thought it would ´rain (and it hasn't). 我以为要下雨（结果没有下）。

（二）汉语声调的功能

汉语之所以称为声调语言是因为声调在汉语中起着举足轻重的作用。汉语的声调具有辨义、构形、分界、修辞、抗干扰等多种功能。

1. 声调的辨义功能

辨义功能是声调的主要功能。前面我们谈到汉语的音节结构简单、音节类型少、音节数目比其他语言少。加上声调后，音节的数目大大增加，所以声调对于扩大汉语的基本词汇量、增加语言的区别性特征起着十分重要的作用。声调的辨义功能是通过不同声调的对立来实现的。很多声韵母相同的音节就是靠着不同的声调来区别它们的意义。例如：瘫子（tān zi）、坛子（tán zi）、毯子（tǎn zi）、探子（tàn zi）就是第一个字音节的声调不同而形成的完全不同的名词。

2. 声调的构形功能

声调的构形功能指的是声调在语言结构中具有区别语法意义的功能，主要表现在声调可以区分词性。王力先生（1980）在《汉语史稿》中指出："中古汉语的形态表现在声调的变化上。同一个词，由于声调的不同，就具有不同的词汇意义和语法意义。主要是靠去声来和其他声调对立。"在现代汉语中，用声调区分词性虽然不及中古汉语时期盛行，但在一部分词中，仍然存在用去声区别词性的现象，例如：好（形容词）人—好（动词）学，和（形容词）气——一唱一和（动词），磨（动词）刀—磨（名词）盘，称（动词）米—秤（名词）砣。

3. 声调的分界功能

声调的分界功能是指声调作为音节分界的标志。汉语的每个音节都有声调附于其上。声调起到了束缚音节，使之内部紧缩、外部与其他音节隔离的作用。前面已经提到，声调的声学本质在于音高变化，而音高变化又决定于声带振动的周期性基本频率的变化。因此，音节的声调只能表现在元音、浊辅音和鼻音上，因为发清辅音时声带不振动。汉语音节的结构特点是，元音占优势，所有的音节都是以元音或者鼻辅音结尾的，虽然多以辅音开头，但都是单个辅音，而且与元音的结合异常紧密，不占明显的音长空间，音节内部也不再有辅音出现。这些特点使得汉语的每个音节几乎从起点到终点全部被声调包络。声调和音节的这种相互依存关系使得汉语的音节长度常常与声调的长度几乎相等。这样，在连贯语流中，音节的界限便常常同声调的分界线相一致。从一种声调变为另一种声调也就代表了从一个音节过渡到另一个音节。

4. 声调的修辞功能

声调体现为音调的高低起伏、抑扬升降旋律，这种旋律可以用来组织语言的节律，加强语言的音乐性。中国古代的文学作品，特别是诗词歌赋，都讲究声音的和谐和声调的配合，尤其是唐代以来的近体诗对押韵的平仄协调有非常严格的要求。平仄就是四声的简单化归类：平就是平声，仄包括上声、去声和入声。对平仄的基本要求是要做到平仄相间，以达到抑扬顿挫的效果。如刘禹锡的《路旁曲》：

南山宿雨晴，春入凤凰城。

（平平仄仄平；仄仄仄平平）

处处闻弦管，无非送酒声。

（仄仄平平仄，平平仄仄平）

这首绝句的平仄安排交替有序，既变化多样，又和谐对称，形成波浪式的旋律。吟诵起来有起有伏，有扬有抑，流畅均衡。再看卢纶的《塞下曲》，吟诵起来也是起伏有致，和谐悦耳、朗朗上口：

月黑雁飞高，单于夜遁逃。

（仄仄仄平平，平平仄仄平）

欲将轻骑逐，大雪满弓刀。

（平平平仄，仄仄平平）

不仅是诗歌，现代汉语里不少四字短语也秉承了古典诗词的特点，注意平仄的交替对立。在汉语并列式的四字格中，存在相当明显的平起仄收的趋势，例如：

花红柳绿　　山明水秀　　英雄好汉　　身强体健

标新立异　　光明磊落　　兵强马壮　　丰功伟绩

汉语四字格的平起仄收律既与汉语的先升后降、先轻后重的节律特征相吻合，又符合顺口、省力的原则，而这些原则也都是建立在汉语声调的基础之上的。

5. 声调的抗干扰功能

任何一种语言的语音都是一种信息符号系统，人们利用它的通信性能进行言语交际。汉语的语音，作为汉语信息的代码系统，有着良好的通信功能。这个系统结构简单，易于产生和发送信息。汉语的声调主要涉及嗓音的基本音高，因此在言语交际的传递过程中有较强的抗干扰能力。很多中国人都有按照字的声调吹口哨的经验，不说字，也能让其他人猜出意思来。声学实验证明，在恶劣的传递环境中，声母和韵母很难让人听清楚，而声调仍然保持很高的清晰度。这说明声调在信息传递过程中，起到提高语言的清晰度和可懂度的作用。

第五节　英汉节奏与韵律对比

"节奏"一词，古已有之。《礼记·乐记》所谓"文采节奏，声之饰也"，指的是音声节奏。其实，节奏作为世间一切事物运动的一种有规律的现象，并不仅仅存在于音乐中，也存在于语言中。语言的节奏就是指在讲话或朗读的时候，语言所呈现出来的时间上的有规律的间隔。任何语言都有其独特的节奏模式。从广义上说，世界上的语言节奏大体上分为两类：重音节拍语言（以重音计时）和音节节拍语言（以音节计时）。英语是以重音计时的，英语的节奏讲究轻重的搭配，主要体现在重读音节和轻读音节的交替变化中。在汉语中，节奏与音节密切相关。虽然汉语也有轻重之别，但在节奏表征上只是辅助性的，主要体现在顿歇的组合上。

英语和汉语的节奏各有其特点。英语是以重音为骨干的，一句话中间出现的各个重音之间，都要保持大致相等的时间距离。以重读音节起始的语音片断是话语节奏的基本单位，叫作节奏群或音步。每一个节奏群都只有一个重读音节，其后可以跟随数量不等的非重读音节，也可以没有任何非重读音节，各个节奏群所占时间大体相等。要留意各个重音间的轻音数目，轻音少就要念得慢一些，而轻音多则要念得快一些。也就是说，在自然的不受特殊因素影响的谈话中，每一句话的重音与重音总是保持大致相等的时间距离，重读音节之间的非重读音节越多，就要念得越快越含糊。这样，我们可以看出，英语以一定间隔时间出现的重音作为节奏的基本模式。此外，英语的音节也缺乏独立性与封闭性，音节间的音素遵照一定的规律可以重新组合。重读音节读时清楚响亮，非重读音节读时含糊轻快。

而在汉语中，情况就大不相同。现代汉语中附着语义的最小单位是音节。音节的书写形式是汉字。在汉语中，语音上一个音节，语义上就能表达一种意义。也就是说，一字一音节，音节的数目是节奏的基础。汉语中音节与音节之间的界限较为明显，每一个音节内的各因素都难以分割，具有独立性与封闭性，除少数语气助词外，几乎每个音节都要清清楚楚地念出来，每个音节所花费的时间都大体相等。所以说，汉语计算拍节是以音节数目为主。试比较下面的句子：

（1）I ´doubt if ´he can ´read it.（4 个非重读音节）

（2）I'd ´hardly have thought he could ´read it.（6 个非重读音节）

（3）I ´shouldn't have thought it ´possible for him to ´read it.（11 个非重读音节）

这三句话中，第一句话有 7 个音节，第二句话有 9 个音节，第三句话就有 14 个音节。但是由于三句话重音数相同，念起来都是三个节拍，只不过第二、三句念得快些。从以上的例子，我们可以看出，在英语中，假如重音数相同，即使音节数目相差很多的几句话，念起来所用时间也大致相等。再看下面的例子：

（1）这就是那本书。

（2）这就是老师让我们看的那本书。

（3）这就是老师让我们看的那本人民出版社出版的书。

这三句话中，第一句有 6 个字，第二句有 13 个字，念起来所花费的时间就明显要比第一句长，而第三句有 21 个字，念起来所花费的时间更长。也就是说汉语中用字较少的念起来花费的时间就少一些，字数较多的花费的时间就多一些。

我们再以诗歌为例，看看英汉节奏上的区别。看下面这首 Tennyson 的诗。

´Break, ´break, ´break,

On thy´ cold grey ´stones, O´sea!

这两句诗的第一行只有三个音节，而第二行却有七个音节，但由于每行各有三个重音，这两句诗被认为是完全对称的，它们的长度完全相等。

然而，汉语的律诗或绝句却是严格地按照字数或音节数来计算的：五言就是每句五个字，七言就是每句七个字，律诗每首八句，绝句每首四句。这样，诗句的字数相等，念起来时值也一样，而且平仄声的搭配，使诗的韵律更加优雅。如这首《乌衣巷》：

乌衣巷

朱雀桥边野草花，

乌衣巷口夕阳斜，

　　旧时王谢堂前燕，

　　飞入平常百姓家。

　　但是，假如诗句的字数不同，念起来时间的长短也就不同了，如岳飞《满江红》中的几句词：

　　三十功名尘与土，

　　八千里路云和月，

　　莫等闲，

　　白了少年头，

　　空悲切。

　　这首词中，诗句的字数决定了第一、二句所用时间一样，而第三、四、五句所用的时间较短。这也正说明了汉语是一种音节计时的语言。

　　正如前面我们提到的，汉语诗歌的主要特点强调平仄交替组合的规律，七言中每句的二、四、六字，五言每句中的二、四字是诗中音律节奏的重点所在，可称之为节奏点。节奏点的平仄要求较严，该平则平，该仄则仄，这便是前人所谓的"一、三、五不论，二、四、六分明"。此外，末一字是一个单音节，平仄必须分明，韵脚在吟诵时更须延长一些，以造成韵律的回应和谐。

　　英语诗歌是以抑扬为格，即以重读音节与非重读音节的交替对立构成节奏的起伏。重读音节与其相邻的非重读音节构成一个音步（foot），音步是构成英语诗歌有规则节奏的基本单位。音步通常有四种格式：（1）一个轻音节加一个重音节组成抑扬格（iambus）。（2）一个重音节加一个轻音节组成扬抑格（trochee）。（3）两个轻音节加一个重音节组成抑抑扬格（anapaest）。（4）一个重音节加两个轻音节组成扬抑抑格（dactyl）。英语诗歌的格律不仅规定了格，而且也规定了每一诗行的音步数。英诗的每行包括的音步数从一个到八个不等，它们是：单音步（monometre）、双音步（dimetre）、三音步（trimetre）、四音步（tetrametre）、五音步（pentametre）、六音步（hexametre）、七音步（heptametre）和八音步（octametre）。格和音步数可以构成不同的搭配。总之，英语诗歌的节奏还是主要由轻重音互协而形成的。在韵脚方面，英语诗歌与汉语诗歌的不同之处在于英语的押韵不是字与字的押韵，而是指相同或者相似的重读音节先后出现在两个或者更多诗行的相应位置上。当然汉语和英语中也都有不受格律限制的自由诗。

第三章　英汉词汇对比

研究词汇方面的学者不乏其人，可是英汉词汇对比方面的研究却很少，系统性的英汉词汇对比研究还是乏人涉足其中。词汇研究算是比较传统的方面，但本章的研究将会竭力做到全面、客观、系统，在人们司空见惯的语言中挖掘被忽视的语言问题，在写作方法上力求与众不同。本章为英汉词汇对比，对于英汉词汇对比概述、英汉构词对比、英汉词类对比、英汉词义对比、英汉词的搭配对比进行了一定的分析。

第一节　英汉词汇对比概述

词汇对比可分为两大部分：词汇形态学对比和词汇语义学对比。

一、词汇形态学对比

词汇形态学对比可在词的形态系统和结构的基础上进行。首先，就整个词汇系统来说，可从词的形态结构的角度来对比两个词汇系统的构成特点，如词汇中单纯词、派生词和复合词各占多少。然后，可以从历时和共时两个角度对比两种语言中的派生词和复合词的类型和特点，如词缀的源头，新出现的词缀及其原因，派生的方式和作用有什么不同，复合词的结构方式有什么不同，等等。最后，还可对比具有相同功能的黏着语素在两种语言中的构词能力有什么不同。

二、词汇语义学对比

词汇语义学对比比词汇形态学对比要复杂得多，因为前者研究的是词的形式，而后者研究的是词的意义，意义要比形式难以把握得多。词汇语义学对比的关键是如何确定共同的对比基础。词的语义和词与词之间的语义联系都可以用成分分析法来加以分析和研究。如果能制定出一套普遍适用于分析世界上所有语言的语义特征，那么，就可用作语义学对比的共同基础。当然这是非常困难的一件事。在具体对比研究中，可先选择一些比较容易分析的语义场中的词来进行对比，例如，表示颜色动植物、声音、亲属关系、身体部分、烹调方式等方面具有民族文化特征的词。然后，随着成分分析法研究的发展，再对其他一些较为复杂和抽象的语义场中的词进行对比。最后，可以进一步对两种语言中具有相似语义成分的词进行使用搭配和感情色彩等方面的对比，也可以对整个语义场的结构进行对比。

第二节　英汉构词对比

英汉词汇的构成具有各自的特点，同时也具有一定的相似之处。对英汉词汇构成的对比有利于在翻译时根据词汇的构成来判断词义。

一、派生法对比

派生法指的是利用词根、词缀（前缀和后缀）来进行构词的方法。英语属于粘附性语言，词缀数量很多。英语中的词缀主要分为前缀和后缀，其中前缀在构词时主要改变词汇的含义，对其词性的影响较小，而后缀则主要改变词性，对于词汇含义的影响较小。英语中的前缀可以根据其对意义的影响分为以下几类。

（1）否定前缀：a-，dis-，in-（变体 il-，ir，im-），un-，non-。

（2）反向前缀：de-，dis-，un-。

（3）表贬义前缀：mal-，mis-，pseudo-。

（4）表程度前缀：arch-，co-，extra-，hyper-，macro-，micro-，mini-，out-，over-，sub-，super-，sur-，ultra-，under-。

（5）表方向态度前缀：anti-，contra-，counter-，pro-。

（6）表方位前缀：extra-，fore-，inter-，intra-，super-，tele-，trans-。

（7）表时间前缀：ex-，fore-，post-，pre-，re-。

（8）表数前缀：bi-，di-，multi-，semi-，demi-，hemi-，tri-，uni-，mono-。

（9）其他前缀：auto-，neo-，pan-，proto-，vice-。

英语前缀主要改变词义，不改变词性，但是这也不是绝对的，并不是所有的前缀都不会改变词性，如 a-，be-，en-在构词时就可以改变词性。

汉语在构词时也会使用派生法，因此汉语中也有词缀的概念。汉语中的前缀主要可以分为以下几种。

严格前缀：阿、老、第、初。

新兴前缀：不、单、多、泛、准、伪、无、亲、反。

结合面宽的前缀：禁、可、好、难、自。

套语前缀：家、舍、先、亡、敝、贱、拙、贵、尊、令。

汉语的前缀主要用于改变词性，与英语中的前缀有本质区别，其功能与英语中的后缀类似。汉语中前缀的含义较为虚无，有的前缀甚至没有具体含义，其作用只是为了构词，如老—老婆、老虎、老大；阿—阿公、阿妈、阿婆等。

英语中可以利用前缀 dis-，en-，de-等将动词变为使役动词。例如：

inflame 使燃烧

interlace 使交织

enable 使能够

embarrass 使为难

在汉语中要想达到同样的效果就必须要在词语前加"使/令/……"结构来完成。

英语中的后缀主要用于改变词性，对于词的意义没有影响。因此，英语中的后缀可以根据对词性的决定作用分为以下几类。

（1）名词后缀。这些后缀只构成名词。

加在名词后表示"人"或"物"：-eer，-er，-ess，-ette，-let，-ster。

加在动词后表示"人"或"物"：-ant，-ee，-ent，-er。

加在名词后表示"人，民族"或"语言、信仰"：-ese，-an，-ist，-ite.

加在名词后表示"性质、状态"：-age，-dom，-ery（-ry），-ful，-hood，-ing，-ism，-ship。

加在动词后表示"性质、状态"：-age，-al，-ance，-ation，-ence，-ing，-ment。

加在形容词后表示"性质、状态"：-ity，-ness。

（2）形容词后缀。只用于构成形容词。

加在名词后：-ed，-ful，-ish，-less，-like，-ly，-y，-al（-ial，-ieal），-es，-que，-ic，-ous（-eous，-ious，-hous）。

加在动词后：-able（-ible），-ative（-ive，-sive）。

（3）副词后缀。只用于构成副词。

加在形容词后：-ly。

加在名词或形容词后：-ward（-wards）。

加在名词后：-wise。

（4）动词后缀。一般加在名词和形容词后缀构成动词。

-ate，-en，-ify，-ize（-ise）。

汉语中也有很多后缀，汉语中后缀的作用也是主要改变词性，而与英语不同的是汉语中的后缀在构成新的词汇时，词性一般名词居多，其后缀的作用不像英语中那么广泛。汉语中的词语后缀主要有以下几种。

（1）表数量单位的后缀：亩、斤、两、口、群、匹、辆、支、项、件、张、间、座、朵、粒、本、幅、卷、册等。

（2）表示过程、方法、学说、性质、状态、程度、信仰等抽象概念的后缀：派、法、化、主义、学、论、性、度等。

（3）表人的后缀主要有三种。

表示职业和职务：员、生、匠、工、家、师、士、夫、长等。

表示亲属关系：爷、父、子、亲、夫、人等。

表示其他的人：郎、属、鬼、棍、头、者、士、生、汉、丁、迷、徒、贩、人、子、员、犯、分子等。

（4）表示处所的后缀：站、场、处、室、厂、馆、院等。

（5）表示物品的后缀：仪、品、器、机等。

（6）构词性后缀。这些后缀没有实际意义，只用于构词。

儿：影儿、盖儿、信儿、馅儿、头儿、画儿等。

子：鼻子、孩子、鞋子、裤子、脑子等。

头：馒头、奔头、石头、骨头、盼头、苦头等。

然：猝然、断然、安然、溢然、勃然、公然等。

派生法在英语中的构词能力很强，因为英语中的词汇数量多，且一个词根可以与不同的词缀相结合构词，且多个词缀可以同时加到一个词根上，这些都给了英语很大的词汇生成能力，而汉语中词缀的数量要比英语中少很多，且汉语词缀对于词的意义的影响很小，且汉语中一个词根一般只加一个词缀。

二、复合法对比

英语中的复合法指的是将两个或两个以上的单词重新组合在一起构成新的单词的方法。复合词在写法上不尽相同，复合词通常由两个以上的单词构成，因此有的复合词为体现其结构性，词与词的中间会用连字符连接，也可以将词语直接写成一个单词。复合词的不同书写方式对其意义没有影响。英语中的复合词主要有以下几类。

（1）复合名词。例如：

名词＋名词：greenhouse，workbook，workplace，workshop，newspaper，gate-keeper，gateman，daytime，lunchtime，lifeboat，lifetime，northwest，railway，southeast，southwest，cupboard，keyboard，doorbell，fireplace，farmland，hometown，salesgirl 等。

形容词＋名词：goodbye，blackboard，greenhouse 等。

动名词＋名词：washing-room，dinning-hall 等。

动词＋名词：chopsticks，checkout 等。

（2）复合形容词。例如：

形容词＋名词＋（e）d：kind-hearted，glass topped 等。

形容词＋现在分词：good-looking，handwriting 等。

副词＋现在分词：hard-working 等。

名词＋现在分词：English-speaking，Chinese speaking 等。

名词＋过去分词：man-made，self-made 等。

副词＋过去分词：well-known 等。

形容词＋名词：Mideast，round-trip 等。

英语复合词中的复合形容词和复合名词占有比重较大，因此此处只对这两种词类进行介绍。

在汉语中也有很多复合词，它们按照一定的规律和结构组合在一起构成新的词组。例如：

（1）联合：联合结构的复合词中两个词素是平行关系，其结构形式比较多。

n.＋n.形式：笔墨、模范、鱼肉等。

a.＋a.形式：大小、多少、贵贱、远近、松弛、破败、危险、焦躁等。

v.＋v.形式：得失、出入、导演、哭泣、连续、依靠、赊欠等。

（2）动宾：汉语中动宾关系的复合词较多，动宾复合词中一个是动词，即动作的施动者，一个是宾语，即动作的接受者，因此其结构都为 v.＋n.的形式，如骂人、打球、喝茶、唱歌、吃力、贴心、抱歉、结局等。

（3）主谓：主谓关系的复合词中的两个词素，一个是主语，即动作的施动者，另一个是动词，因此主谓关系的复合词都是 n.＋v.结构，如你说、月圆、狗叫、头疼、海啸、口误、事变等。

（4）偏正：偏正复合词中的一个词素去修饰另一个词素，被修饰的名词在后，前面的修饰后面的。汉语中的偏正结构的复合词最多，其结构多样且较为复杂。

v.＋n.形式：奖状、敬意等。

n.＋n.形式：汽车、油画、蜡笔、金鱼等。

a.＋n.形式：高原、高档、温泉、红娘、赤字等。

a.＋v.形式：内战、古玩、深爱、冷战、努力工作等。

v.＋v.形式：通知、顾问等。

a.＋a.形式：平方、净重等。

以上这些词都是汉语中的复合词，这些词和英语中的复合词的构成很类似。

但是有一点是汉语中的复合构词法独有的，即重叠词。所谓重叠词指的是构成词汇的两个词素是相同的，主要有以下几种形式。

a.＋a.形式：明明、暗暗、寥寥、宝宝、乖乖、慌慌张张、疯疯癫癫等。

num.＋num.形式：万万、斤斤、个个、件件等。

n.＋n.形式：爷爷、奶奶、爸爸、妈妈、叔叔、伯伯等。

v.＋v.形式：偷偷、闪闪、看看、侃侃、跌跌撞撞、拉拉扯扯等。

三、缩略法对比

英语中由缩略法构成的词为缩略词。缩略词的种类很多，一种是首字母缩略词，它将每一个单词的首字母提取出来组合成为一个新的词，首字母缩略词多采用大写字母的形式；另一种是混合缩略词，这类词一般是将两个或两个以上的单词用某种方法组合在一起构成新词。还有一种是节略式，节略式缩略词主要是将一个词的完整拼写去掉一部分来形成其缩略形式。最后一种形式为数字式缩略词，根据词的结构或者读音上的相同点与数字结合而形成。下面对这几种缩略语进行详细分析。

（1）首字母缩略词。首字母缩略词在英语中很常见，其在各个领域应用也很广泛。例如：

EEC←European Economic Community 欧洲经济共同体

OAU←Organization of African Unity 非洲统一组织

UN←United Nations 联合国

TV←Television 电视

（2）混成式缩略词。混成缩略词主要有四种组成方式。

① A 头＋B 尾。例如：

bit←binary＋digit 二进制数

chocoholic←chocolate＋alcoholic 巧克力迷

② A 头＋B 头。例如：

sitcom←situation＋comedy 情景喜剧

telex←teleprinter＋exchange 电传

③ A 头＋B。例如：

medicare←medical＋care 对老人的医疗照料方案

telequiz←telephone＋quiz 电话测试

④ A＋B 尾。例如：

tourmobile←tour automobile 游览车

newscast←news＋broadcast 电视广播

（3）节略式缩略词。节略式缩略词主要有三种形式。

① 去头取尾。例如：

phone←telephone 电话

quake←earthquake 地震

② 去尾取头。例如：

exec←executive 执行官

Weds←Wednesday 星期三

③ 去头尾取中间。例如：

fu←influenza 流感

tec←detective 侦探

（4）数字式缩略词。数字式缩略词主要有两种形式。

① 提取出词中的相关字母，并在其前面加上相应的数字。例如：

the three C's←copper, corn, cotton 三大物产（铜、玉米、棉花）

② 代表性的词前面加数字。例如：

four elements←earth, wind, water, fire 四大要素（土、风、水、火）

temperance 七大美德（信任、希望、慈善、正义、刚毅、谨慎、气度）

汉语的构词法中也有很多词是利用缩略形式形成的，汉语的缩略词与英语缩略词有类似之处，它主要可分为四类。

（1）截取式缩略词。截取名称中一个有代表性的词代替原名称。截取有两种方式。

① 截取首词。例如：

同济—同济大学

复旦—复旦大学

② 截取尾词。例如：

志愿军—中国人民志愿军

长城—万里长城

（2）选取式。选取全称中比较具有代表性的词素来构成新词。

① 取每个词的首字。例如：

文教—文化教育

科研—科学研究

② 取一个词的首字和另一个词的尾字来构成新词。例如：

整风—整顿作风

战犯—战争罪犯

③ 取每个词的首字和全称的尾字。例如：

文工团—文艺工作团

执委会—执行委员会

④ 取全称中具有代表性的两个字。例如：

左联—中国左翼作家联盟

政协—中国人民政治协商会议

⑤ 取全称中的每个词的首字。例如：

上下—上头、下头

（3）提取公因式。提取公因式指的是将全称中的相同的部分提取出来，用剩下的部分来构成新词。例如：

中小学—中学、小学

工农业—工业、农业

（4）数字概括式。汉语中的数字概括式与英语中的基本相同。

① 将相同部分提取出来，用数字对剩下的部分进行概括。例如：

三好—学习好、工作好、身体好

四会—会听、会说、会读、会写

② 根据词的特点总结出一个可以代表这些特点的抽象概括词，然后在其后面加上数字。例如：

四季—春、夏、秋、冬

三皇—伏羲、燧人、神农

第三节　英汉词类对比

一、英汉词类划分

词类的划分标准一般分为词义标准、形态标准、句法标准三种。词义标准是判别词类的基本标准，就此标准而言，英语和汉语并无较大差异。形态标准是以词的形态为依据判别词类，与英语相比，汉语的形态就不怎么丰富了。句法标准是以某词在具体语境中所表现的句法功能为标准判别词类。将以上三个标准相结合，才能更准确地划分词类。

根据以上标准可将英语词汇分为十大词类（Parts of Speech）：名词（Nouns）、形容词（Adjectives）、数词（Numerals）、代词（Pronouns）、动词（Verbs）、副词（Adverbs）、冠词（Articles）、介词（Prepositions）、连词（Conjunctions）、感叹词（Interjections）。

汉语的词类划分虽然比英语复杂一些，但是和英语词类的划分基本相同。汉语可以分为：（1）实词。实词包括数词、量词、名词、方位词等体词，动词、形容词等谓词以及副词。（2）虚词。虚词包括介词、连词等关系词和助词、语气词等附着词。（3）特类。特类包括叹词和拟声词。

二、名词对比

（一）分类对比

参照不同的分类标准，英语中的名词可以分为很多种类，如可数名词、不可数名词，专有名词、普通名词，等等。汉语名词的分类中包含专有名词、普通名词、抽象名词、集体名词等。但是汉语中不存在可数名词和不可数名词。

众所周知，英语中的可数名词有数的变化，在大多数情况下是要区分单复数的，可数名词必须要以单数或者复数的形式在句子中使用。而另外一种不可数名词通常没有数的变化，只存在一种形式，在使用过程中也不会有词形的变化，比如 a pear、some pears、some sugar。而在汉语中，没有可数名词和不可数名词之分，当然也就没有数的变化，无论是表达单数概念还是复数概念，词形都不会发生任何改变。例如，一辆车与十辆车，一个苹果与一些苹果等。这个例子中的"车"和"苹果"都没有发生词形上的变化，表达单复数概念的时候只是变化了前边的数量词。

在英语中，可数名词与不可数名词的使用还有很多不同。对于可数名词，泛指限定词和数词可以直接放在可数名词之前，对其进行修饰和限定，如 an apple、a desk、another student。而对于不可数名词，这些泛指限定词和数词则不能直接放在不可数名词前进行限定和修饰，如 a water、five music，这两种修饰方法很明显是不正确的。如果数词直接修饰了不可数名词，那么这个不可数名词就变成了可数名词，多数情况下这个单词的意义就会发生变化，如 two coffees 表示的是两杯咖啡的意思。当然，不可数名词也可以有量的表达，只是在表达的时候需要借助于单位词，表达结构一般是"泛指限定词/数词＋单位词＋of＋名词"。例如，a cup of tea, six pieces of paper。此外，可数名词也可用在该结构中，同样是放在"of"之后，但是该词必须是可数名词的复数形式，例如，a bag of peaches 表达的是一袋桃子。而在汉语中，由于名词形式没有数的变化，所以数词或者数量词组一般都可以直接置于名词之前，对其进行修饰，如"一些建议""十斤香蕉""两种模式"等等。

除了上述的这些以外，英语中一些表达模糊的或者不确定的数量关系，可以由可数名词的复数形式直接表达。而在汉语中，想要表达这种不确定的数量关系，则需要借助其他手段进行表达，如名词重叠方式、数量词组、带有数字的固定词组等。例如，（1）"Changes have happened to her since she worked."（2）"在誓师大会上，一句句激励的话语使这些高考学子内心澎湃，斗志昂扬。"在这里句子（1）中的"changes"是复数形式，它表达的是"一些变化"或"许多变化"等。在汉语中没有这种词形变化。但是从句（2）来看，"一句句"就表达了复数意义，当然，在英语中也没有"一句句"这样的修饰方法，只能用复数形式来表达。

（二）语法功能对比

英语名词在句子中不能作为谓语使用，但是汉语名词则可以作为谓语用在句子中。这也是英语和汉语在语法功能上最大的差异。例如，"今天是星期五"这个句子用汉语可表达成"今天星期五"；如果用英语表达，则是"Today is Friday"，而不能表达成"Today Friday"。但是在大多数情况下，在汉语句子中这种可以充当谓语的名词一般都是表示天气、籍贯或者时间之类的名词，并且这种句子一般在口语中使用，很少会用到书面语中。而且，作谓语的名词一般是名词短语"的"字短语或者数量词短语，很少会出现单个名词作谓语的情况。例如，"我新来的""小李中国人，丹尼美国人"等。

（三）修饰语对比

英语中，限定词、介词词组、形容词（形容词组）、名词（名词词组）、非限定动词词组都可以修饰名词。此外，英语中名词还可以接受从句或者其他主谓结构的修饰，但通常情况下不能接受副词的修饰。而在汉语中，名词、数量词词组、形容词、代词、动词和各种类型的短语等都可以修饰名词，但是名词同样不能接受副词的修饰。例如，"一本书""我哥哥"等，都是正确表达。

由此看来，在英语和汉语中，关于名词修饰语这一点，是基本相同的。但还有一点需要注意，在英语中修饰名词的修饰语可以放在该名词之前，也可以放在该名词之后。但是在汉语中，一般都是放在被修饰名词之前。此外，在英语中，定语从句或者同位语从句也可以修饰名词，且只能置于被修饰的名词之后。而在汉语中则没有这种现象。

三、动词对比

（一）语法意义对比

英语中，动词的语法意义可以分为六个语法范畴，分别是时、态、体、式/语气、人称和数。这六个语法范畴还分为动词本身的语法范畴和句子主语的语法范畴。其中，句子主语的语法范畴包括人称和数。动词本身的语法范畴包括时、态、体和式/语气，而且该范畴下还存在更具体的划分。例如，"体"可分为进行体和完成体，进行体还能再次细分为现在进行体和过去进行体，等等。每个不同的范畴都由不同的动词形态来表示，变化的形式也是十分复杂的。在使用过程中，一般都会涉及多个语法范畴。它们可以根据表达的需要，以不同的组合方式出现在句子中，从而使动词的形态变得更加复杂。在英语中，一个动词具有几十种不同的变化形式，每种形式都代表不同的意义，使用哪种形式是不能随意更改的。该用限定形式就不能用非限定形式，该用一般现在时就不能用一般过去时。

（二）造句作用对比

在用英语进行造句的时候要注意，一个分句通常至少包含一个主谓结构，而且必须由动词词组作谓语。因此，动词是英语造句的核心，除了感叹句以外，其他句子都不能缺少动词。成千上万的英语句子可以分为 5 种基本句型，分别是主语＋谓语、主语＋系动词＋补语、主语＋谓语＋宾语、主语＋谓语＋间接宾语＋直接宾语、主语＋谓语＋宾语＋补语。这样分类主要是因为谓语动词的特征和类别决定着句子的句型结构。而汉语在造句的时候以意合为主，作谓语的并不一定是动词，还可能是形容词、名词等。例如，"他勇敢得很"这句话中作谓语的就是形容词。

（三）及物性对比

关于动词的及物性，英语和汉语一般从两方面进行对比。一方面是在两种语言中，表示相同意思的动词是否为及物动词；另一方面是在这两种语言中，及物动词对宾语是否具有强制性要求。

英语中有些动词，既可用作及物动词，也可用作不及物动词。用作及物动词的时候，后面要接宾语。如果没有宾语，那么句子的意思则会表达的不完整。相反，用作不及物动词时，后面则不能接宾语。但如果作不及物动词使用时，在语义上却指向某一事物，那么就与作及物动词使用时的意义没有什么太大的区别。例如："My wife is shopping."这句话中的"shopping"是作不及物动词使用的，但是从语义上来说"shopping"这个动作指向的是商品，与汉语中的"采购""购"等及物动词相当。也就是说，翻译成汉语的话，"shopping"要用一个及物动词来表达同样的意思。

在汉语中，某些动词虽然是不及物动词，但是在语义上也同样指向某一事物，表达的意思与及物动词相当。例如："我的讲话如有错误，敬请指正。"这个例句中的"指正"是不及物动词，但是从语义上来说却指向"错误"，相当于是英语的"point out and correct"。

此外，一般情况下，英语中要求及物动词必须带宾语，具有强制性；而在汉语中，则没有这种要求，所以汉语及物动词的宾语经常不出现。

四、形容词对比

（一）形容词作定语对比

在汉语和英语中，虽然形容词都可以作定语用来修饰名词，但是在使用过程中还是存在些许差别。首先是与被修饰名词之间的位置有所不同，其次是与被修饰名词之间的连接方式有所不同。

关于与被修饰名词之间的位置关系，英语中形容词修饰名词时，这个形容词不仅可以放在被修饰名词的前面，也可以用在被修饰名词的后面。而在汉语中，如果没有特殊的要求，形容词一般都是放在被修饰名词的前面的。这种规则也适合于形容词作名词修饰语的情况。

在与被修饰名词之间的连接方式上，英语形容词在修饰名词时，可以不借助任何辅助手段直接放在被修饰名词的前面或者后面使用。而汉语则不可以，汉语形容词在修饰名词时大多需要借助结构名词"的"，但是在"的"选择上又十分复杂。例如，"谦虚话"这种说法十分常见，而"谦虚人"这种说法几乎不存在，因为它不符合汉语的语法。一般都使用"谦虚的人"这种符合汉语语法的表达方式。

（二）形容词作补语对比

英语中形容词作补语的情况只出现在"主语＋谓语＋补语"和"主语＋谓语＋宾语＋补语"这两种句型中。在句子中，补语的作用是补充说明主语或者宾语的性状或变化情况。而在汉语中，形容词作补语是对动作或状态进行补充说明的，放在动词或者形容词之后时，表示程度、结果等。英语和汉语形容词作补语时只是名称相同，功能上却大不一样，而且彼此之间没有对应句型。

英语的"主语＋谓语＋补语"句型中，补语的语义指向的是主语，补语是句子的信息中心，是对主语的性状或者变化情况进行说明的。当形容词或形容词组担任补语时，该英语句型与汉语的动词＋形容词作补语的句型和形容词谓语句结构十分相似。例如，"The trees are green."用汉语可以表达为"树绿了"（形容词谓语句，带"了"）。

再来看英语"主语＋谓语＋宾语＋补语"句型。在这个句型中，补语的语义指向的是宾语，补语说明的是宾语的属类或者性状等，宾语和补语在逻辑上是主谓关系。在以形容词作补语的"主语＋谓语＋宾语＋补语"结构中，动词一般是表"认为""发现为"等意义的动词，这个句型与汉语主谓短语作宾语的句型和"把"字句十分类似。例如，"We consider Bob very capable."该句中"consider"就是表"认为""发现"的动词，翻译成汉语可以表达为"我们认为鲍勃很能干"（主谓短语作宾语）。

由此看来，英语形容词作补语的"主语＋谓语＋补语"和"主语＋谓语＋宾语＋补语"句型可以分别转换为汉语形容词谓语句（补语）、动词＋形容词＋补语句和"把"字句、主谓短语作宾语的句子等。

反观汉语的形容词作补语时，在语义上指向极其复杂，其指向可以是句子的主语、宾语，也可以是谓语动词等。例如，"他给训惨了"这个句子中，"惨"指向的是主语"他"，表示结果。

上述各例可以说明，当汉语的形容词作补语时，基本不能在英语中找到稳定的与之对应的句型，只能根据汉语所表达出的意义，选用适当的英语表达方式来表示。

（三）形容词作状语对比

在英语中，形容词可以作评注性状语，用来发表评论或者表明看法，相当于分句的作用，但是不可以作修饰性状语，如"More remarkable sill, she is in charge of the project"该句中的"More remarkable sill"就是作评注性状语，可译为"更加重要的是，她负责管理这个项目"。

在汉语中，形容词可以作描写性状语，直接修饰动词或者形容词，通常置于主语和谓语之间，如"李明经常早来晚走"。这个句子中"早""晚"则可分别处理为英语中相应的副词，用来修饰谓语动词。将该句翻译成英语，可以表达为"Li Ming often comes early and leaves late"。

汉语形容词作状语译成英语时，往往可把作状语的汉语形容词译成英语的副词或其他性质的词组，如"孩子们规规矩矩地坐在那里，一动也不动"用英语可以表达为"Those children squarely sat still over there"。

（四）形容词作主语和宾语对比

英语中的形容词不能直接作句子的主语或者宾语，但是在某个形容词之前加上定冠词"the"或者不定量限定词之后，这个形容词就获得了名词的一些特性，然后就可以在句子中充当主语或宾语了。例如，"I think the contrast between the very rich and the very poor in this country is disgusting"。

汉语与英语不同的一点就在于汉语的形容词不仅可以直接作句子的主语和宾语，还可以与"的"构成"的"字短语，作句子的主语和宾语，但是形容词作主语或宾语的句子对谓语动词有着特殊的要求，主要是要求谓语动词是某些系词，如"是""像""使"一类表示致使意义的词和能愿动词等。例如，"勤劳是一种美德"。

综上所述，在英语中，形容词词组作句子的主语或宾语时，指的是某一类人或者物，等同于一个名词词组，在翻译成汉语时可以译为对应的汉语名词词组。而在汉语中，形容词作句子的主语或宾语时，通常表示的是某个抽象的概念，与英语中的形容词派生名词类似，在翻译过程中可以译成相应的英语名词。

因此，上边两个例子可以分别翻译为"（我认为）这个国家穷人和富人之间反差如此之大，真让人难以接受"和"Diligence is a kind of virtue"。

五、副词对比

副词属于修饰语，在句子中的作用是修饰动词、限制动词或形容词和补充说明等，一般都是用来说明动作行为或者性质状态的时间、频率、范围、程度或肯、否定情况等。下面从副词的构成、功能和位置三个方面对英汉语副词进行对比分析。

（一）构词对比

按照词的构成方式，英语副词可分为简单副词、合成副词、派生副词以及短语副词等；汉语副词可以分为单音节副词和双音节副词。在汉语双音节副词中，部分是由一个单音节副词加上一个词缀构成，如"差点儿"；部分为特殊的双音节副词，即叠音副词，如"明明""偏偏"；部分为一般双音节副词，如"未必""毅然"。在英语中，派生副词和简单副词占了整个英语副词的绝大部分，而且，无论是在口语中还是在书面语中，其使用频率都是最高的。在口语中，副词的使用率相对较高，超过了 60%；在书面语中它的使用率也超过了 30%。也有一些副词在书面语中的使用率高于口语中的使用率。现代汉语的语体色彩不如英语那么明显，在使用中，对意思相同的一组副词的选择主要是受音节和个人习惯的影响，同时也受到语言使用者和接受者的教育背景的影响。另外，英语的派生副词的词缀具有语法功能，是由于词在句子中位置关系的变化而在词根后添加词缀造成的，最常用的副词词缀是添加在形容词后的-ly。相比之下，现代汉语不如英语那样有比较稳定的副词词缀；现代汉语副词的生成多是受音节的影响，主要是词语双音化现象产生的大量的双音节副词。

（二）语法功能对比

英汉语副词的语法功能基本是一致的，都可以作修饰语、状语和补语。这里主要对副词在英汉语中作补语进行对比。

首先，在英语中，副词作补语用来补充说明名词性词组或介词，主要出现在"主语＋谓语＋补语"和"主语＋谓语＋宾语＋补语"两种基本句型结构以及"介词＋副词"结构中。在汉语中，副词作补语是用来补充说明形容词或动词的。例如，"这小姑娘高兴得很"。

其次，英语中作介词补语的副词主要是表示时间和地点的副词。作主语补语和宾语补语的副词主要是表示状态或方向的副词。在汉语中，一般只有少数程度副词可作补语，常见的只有"很""不得了""要命"等。"要命"是口语，可以用在褒义形容词后，但在实际语言的使用中，"要命"要随便得多，在比较正式的场合，还是用"很"等较书面的词汇比较好。

最后，英汉语中，副词作补语在语义上有很大差别。英语副词作补语，在语义上一般为词语的基本意义。作主语补语和宾语补语的副词往往具有动作意义，译成汉语一般为动词，作介词补语一般相当于汉语的时间名词或处所名词。

汉语副词作补语，一般为程度补语，表示程度的加深，具有比较的作用，通常是一种修辞意义，即与副词的基本意义或多或少有些距离。

（三）位置对比

副词在句子中的位置跟它的句法功能密切相关。作为修饰语，在英语里副词一般位于被修饰词之前，也可以置于中心语之后，这些副词主要是一些表示地点和时间的副词；而汉语副词一般只能置于中心语之前。作为补语，英汉语副词均置于其补充说明的成分之后。作为状语，副词在英语里的位置相当自由，可以位于句首、句中和句末；相比之下，汉语副词要拘谨得多，只能位于句首和句中。而对于句中的副词，英语的副词的位置会比较自由，汉语副词的位置相对固定，处于主语和谓语之间。

六、介词对比

介词，作为一种虚词在英汉语中都极为活跃，用法非常复杂。二者之间最根本的共同点是不能独立担任句子成分，一般需要后跟一个语言单位，构成介词词组，在句子中担任一定的句法成分。而最大的差异则是英语介词的意义一般非常丰富（尤其是简单介词），搭配灵活多样。

（一）语法功能对比

英语介词词组在句子中可以担任状语、名词修饰语、主语、补语和介词宾语；汉语介词词组在句子中可作主语、状语、补语、宾语和名词修饰语。这里只对英汉语介词词组作状语和名词修饰语进行对比讨论。

1. 作状语对比

英汉语介词词组作状语，都可以修饰谓语和整个句子。但是，在与被修饰部分的位置关系上，英汉语介词词组存在差异。英语中，介词词组的位置有句首、句中和句末三种。介词词组采取哪个位置与它担任什么样的状语、新旧信息的交替和语篇的衔接与连贯等相关。当介词词组修饰谓语动词时，一般位于句末；当介词词组比较短小时，可位于句中；当介词词组修饰句子时，通常位于句首。为了强调、突出状语，也可采取放在句首的方式，但是不能用逗号把它和主语分开。当介词短语为旧信息承接上文，起强化语篇的形式衔接作用时，介词短语一般位于句首。而汉语的介词词组只有位于句首和句中两种，而且处于句中位置的介词词组要紧靠它所修饰的谓语词组。

2. 作名词修饰语对比

英汉语介词词组都可以作名词修饰语，不过英语中介词词组置于被修饰词之后，汉语介词词组置于被修饰词之前，而且需要使用助词"的"与被修饰词连接起来。英汉语介词词组作状语和定语的位置差异，在英汉互译中的直接意义是，在进行两种语言的相互转换时，可对作状语、定语用的介词词组分别按照汉语或英语的修饰习惯，改变其位置关系。

（二）介词搭配对比

在英语中，介词的搭配不仅范围广、能力强，而且用法也十分复杂，很难对其做出比较具体的规定。这种情况的主要原因是英语中的介词，特别是简单介词，一般都是多义词，而且每一种意义都只能在具体搭配中显现出来，并且这种搭配一般都是固定的。此外，英语的介词是一种连接手段，具有强制性的特点。如果随意省略介词的话，就会出现句子语法不通的现象。与英语相比，汉语介词的用法或词义等就相对简单了。在汉语中，很多情况下都可以将介词省略，而且不影响句子意义的表达。

从介词词组的构成看，英语动词充当介词宾语必须以非限定动词词组的形式出现。汉语由于没有形态变化，动词词组可直接作介词宾语，构成介词词组。英语介词后可跟分句和副词作宾语，汉语则不可以。另外，英语介词＋名词可以构成固定搭配，汉语没有类似的固定短语。这些固定搭配的短语只能靠在学习过程中积累并且熟记，不是简单地制定几条规则就可以解决的。

介词之前的词语搭配更加显示出英语介词搭配范围广、搭配能力强的特点。汉语介词则不存在这种搭配。首先是动词与介词的搭配，从动词＋介词的稳定性看，动词＋介词搭配分两种情况。第一，有些搭配已经凝结为固定短语，其作用相当于一个动词。这类短语的意义一般不能从字面上进行理解，而是有其固定的词义。在使用中，人们已经把它视为一个词，中间不能插入其他词语，不能进行拆分。这样的短语很多，如 abide by，look after，等等。

第二，其余的虽然没有固定下来形成固定短语，但是动词和介词也不是随意组合的，一个介词可以跟在不同的动词后面，一个动词也可以跟不同的介词，这主要是习惯使然，在学习过程中，只有注意积累，把它们当作新词新语逐个来学习。其次，大部分的形容词都可以和特定介词搭配，构成形容词词组，与动词＋介词搭配类似，同一个形容词可以和不同的介词搭配，表示不同的意义。最后，名词也可以和介词搭配使用，大多数名词后跟的介词与同源动词或同源形容词所跟的介词相同。

七、词类转化对比

英汉语中都有这样的情况：不改变词的形态特征，不添加词缀，但是词的词类会发生改变。因为英语属形态语，有很多构词法，如缀合法和复合法，也就是说，英语中的词转换功能多通过加后缀实现，所以不改变词形而转换功能就显得极为突出与特别，是英语的主要构词法之一。但汉语是根词语，无形态变化，自古以来词都没有通过改变形式而转换功能使用的情况，所以转化在汉语中并不被认为是构词法。

转化一般是在名词、动词和形容词三种词类之间进行的，其中最普遍的是名词和动词之间的转化。转化涉及源词和目标词，即新词从何转化而来。汉语中判断一个词的源词往往不那么容易，因为词典中一般没有标注，只能靠人们的词汇知识和语感进行判断，如"困难"究竟名词为源还是形容词为源，我们很难判断。不过可以肯定的是，常用功能通常排列在前，如"锁"有 5 个义项，第一个义项是名词义，第二个义项是动词义，就是说"锁"的源词是名词，动词功能是转化而来的。相比而言，英语中的源词就容易确定多了，因为大多数词典都将不同功能的词分条目列出，将最常见的功能排列在前，一般排在最前面的就是源词的词性。

转换虽然主要在名词、动词、形容词之间进行，但是两种语言中此多彼少、此有彼无的现象很多，如汉语中的量词转化在英语中空缺，英语中的小品词、短语动词、情态动词、语法形态词等的转换在汉语中空缺。总而言之，词类转化是英汉语中共有的现象，但是其在两种语言中的作用和地位是难以相比的。下面重点讲解形容词和动词向名词转化在英汉语言中的对比。

（一）形容词向名词转化对比

无论在汉语中还是在英语中，形容词转化为名词都没有动词转化为名词普遍。汉语中形容词转化成名词时没有任何形式上的变化，如轻松、困难等。英语中的普通形容词和分词都可转化为名词，如 a black（黑人）、young marrieds（年轻夫妇）等。这些转化而成的名词在使用时与普通的名词并无区别，这就是完全转化。也有一些形容词可以通过前面加定冠词而成为名词，如 the rich（富人）、the wounded（伤员）等。这些词虽然起着名词的作用，但是仍保留了形容词的特征。除此之外，英语中的介词、连词和情态动词也可以转化成名词。汉语中只有在很特殊的情况下才可以将连词用作名词。

（二）动词向名词转化对比

名词和动词之间的转化是词类转化中最普遍的一种。作者这里从行为动词和感官动词的转化进行对比研究。首先，行为动词转化的名词可以表示"事件、活动""方式""结果""材料、工具"和"场所、地点"等。例如，英语的 find："She wants to find the truth.（她想找到真相。）""an important find（重要的发现）"；汉语的包："他们在包什么东西""请收好这个包"。其次，感官动词转化的名词表示"心境、状态"等。例如，英语的 love："love him（爱他）""my love for him（我对他的爱）"；汉语的思考："慢慢思考""这个想法欠思考"。

由此可见，英汉语中动词转化成名词是可以一一对应的。不同的是，英语中的词形相同，转化后意义不完全相同；而汉语的词形词义都完全一致。值得再次指出的是，因为汉语中一般不把转化看作构词，又缺乏形态标志，所以源词的确定比较困难，而英语就容易很多。

英语中有动词+小品词构成的短语动词，这类动词也可以转化为名词。它的转化形式有两种：一是逆序转化，即将两个词的顺序颠倒并合并为一个词，如 outcome（come out 结果是）、outbreak（break out 爆发）、downfall（fall

down 倒塌)等;二是不改变语序,将两词合并或中间加连字符即可,如 showoff
(爱炫耀者)、handout（散发的印刷物）、standby（可信赖的人）等。汉语中
虽然也有"动词＋副词"和"副词＋动词"构成的名词,但是它们是由两个
词素构成的，因此不能算转化。

第四节　英汉词义对比

英汉语言中的词汇由于受到文化、思维方式等因素的影响，其意义存在
较大的差别，相同的词在英汉语言中经常会有不同的联想意义。本节主要对
英汉词汇词义的多少及范围进行对比。

一、词语义项对比

英汉语言在词汇的义项上具有较大的差距，英语中的词汇的义项较多，
汉语的义项较少，英语中一个词经常具有多个含义，其含义的确定要依赖于
其使用的环境。例如：

husband：丈夫、老伴、相公、老公、爱人。

uncle：叔叔、伯父、伯伯、舅父、姨丈、姑父。

tak：拿、取、采取、吃、接受。

president：总统、董事长、校长、会长、社长。

英语中的多义词的含义除了通过具体的语言环境确定之外，还可以根据
搭配的不同来判断。

run 一词和主语搭配时，其意思如下：

The road runs continuously.（伸展）

The play runs for a week.（演出）

The river runs quietly.（流）

The color runs easily.（脱落）

The vine runs quickly.（蔓延）

run 和宾语搭配时，其意思如下：

run an engine（发动）

run drugs（偷运）

run fingers（移动）

run a race（参加）

run the water（注水）

以上是动词 run 的含义分析，从上面的例子可以看出，同一个单词在与不同的词搭配使用时，其含义也会发生相应的变化。在英语中想要区分词的具体含义，必须依赖于语境和搭配。

汉语的词语也有这样的用法，汉语中词汇意义的确定也要依赖于词汇的搭配，即利用不同词汇的用法来进行词义判断。不同的词要判断词义就要看其搭配成分。

汉语中动词后面一般都加宾语构成动宾结构，因此一个动词的含义与其后面所使用的宾语的含义具有重要联系。例如：

他们在打毛衣（编织）

他们在打电话（互通）

他们在打包裹（捆绑）

他们在打官司（交涉）

名词一般都需要定语来修饰，因此其词义的确定就依赖于所使用的定语。

例如：

中国的艺术（如文学、绘画、舞蹈、音乐等）

唐诗的艺术（创作表现技巧）

领导的艺术（创造性方法方式）

形容词主要用于修饰名词，因此形容词词义的确定依赖于其所修饰的名词。

例如：

老朋友（时间长的）

老地方（原来的）

老兵（有经验的）

二、词语含义范围对比

英语词汇中虽然存在很多多义词，但是英语词汇的词义范围相对比较狭窄，一般对事物的描述比较具体。英语中含有大量的单义词，这些单义词在描述事物时只能表达其一方面的特点，概括性较差，因此英语中对于事物的分类更加详细。

英语中有很多外来语，这些外来语也使得英语的含义趋向精确化。随着社会的发展，一些多义词逐渐解体，多义词演变为几个不同的单义词，有的词的含义随着社会的发展不断变化，最终生成新的词。例如：

urban（城市的）—urbane（有礼貌的）

travel（旅行）—travail（艰苦努力）

gentle（有礼貌的）—genteel（有教养的）—gentile（非犹太人的）

curtsey（女子的屈膝礼）—courtesy（礼貌）

汉语词汇的词义范围要比英语广泛很多，在汉语中趋向于用同一个词来表达不同的含义，其具体含义的确定依赖于词汇所使用的语境。因此，汉语词汇比英语词汇具有更高的概括性。

英语中的"空"有很多种情况：表示"里面没有实物"的 empty；表示"没有东西"的 bare；表示"目前没有被占用"的 vacant；表示"空心的，中空的"的 hollow。而对于"空"的概念，在汉语中都只用一个"空"字来表达。

汉语中"问题"一词的含义很广，既指"要求回答的问题"，也指"要处理解决的问题""会议讨论的问题"，还有"突然的事故或麻烦性的问题"。而英语中对于以上这些词的意义都是分别用 question，problem，issue，trouble 等来表达。

例如：

世界上一些国家发生问题，从根本上来说，都是因为经济上不去。

Basically, the root cause for social unrest in some countries lies in their failure to boost the economy.

汉语中的"问题"是指出现的麻烦或动乱，英语中则用 trouble 或 unrest

来表示。

汉语中的"经验"一词属于抽象词汇,其词义比较模糊,可以表示"由实践得来的知识、技巧、教训、经历"等,而英语中不同的表达则使用不同的词来表示。

例如:

改革开放是一个新事物,没有现成的经验可以照搬。

Reform and opening are new undertakings, so we have no precedent to go by.

这是中国从几十年的建设中得出的经验。

That is the experience we have gained in the decades of economic development.

我们应当从这里得出一条经验,就是不要被假象所迷惑。

We should draw a lesson here: Don't be misled by appearances.

第五节 英汉词的搭配对比

一、词的不同搭配范围

在英文中,词语之间的搭配研究的是两个单词之间的组合关系。在进行词语的搭配研究时,我们可以通过词语的语意范围来进行搭配对比。这是一种比较简单的思维,因为在不同的语言环境中,词语的搭配相应会变得更为复杂。所以,我们有必要抛开词意,从更深层次研究两种语言中相对应的词为什么会出现不同的词语搭配。究其原因,主要受以下几方面因素影响:

(1)受词语使用范围的影响。有些词语只在特定场景下使用,有很大局限性,搭配范围相应会很小,甚至是固定的。

(2)受词语引申义的影响。这里说的引申义指的是规范化了的"引申用法"。本义基本相同的对应词,在本语言系统中引申义的程度可能是大不相同的,如果一个词有很多引申义,另一个词只有很少甚至没有引申义,它们搭配范围就会产生差异。

（3）受边缘类搭配的影响。一个词语搭配范围内的词也是不一样的，两个词经常一起搭配使用，一个词就是另一个词的中心类搭配词，此外还有不怎么使用到的边缘类搭配词，介于两者之间的中间类搭配词。受此影响，两种语言中对应词搭配范围也会不一样。

（4）受上下义词的搭配分工不同影响。这是由汉英语言不一样的语法习惯导致的。汉语中，泛指一般动作和事物的动、名词互相搭配，表示具体动作和事物的动、名词互相搭配。如"买东西""做家务"；"剪指甲""叠被子"，但是在英语里可以打破这个规则，泛指一般动作的动词也可以和表示具体事物的名词搭配，如 do the floor，do the dishes，do the lawn，汉语中则不容许这样的搭配。

无论是英语还是汉语中，动物的叫声都有专门的词语来表达。在英语中，动物的叫声表达可能会更特别一些，有些地方需要区别使用。下面，我们通过动物做主语，描述叫声的动词做谓语，两者搭配起来做一下对比。

二、英汉语描述动物叫声的表达法对比

汉语里描述动物的叫声用得最多的动词是"叫"，少数用的是"叫"的近义词，如"吠""鸣""噪""嘶"等。如果需较为具体地描述，则用它与别的词构成的词组，多为偏正词组，也有并列词组。英语中没有像上述一样的主干动词。下面的例子可分成两大类。

（一）汉语中，谓语动词是"叫"或"叫"与其他词构成的词组

（1）驴叫。

Asses bray.

狗/狐狸叫。

Dogs / Foxes bark.

（2）蜜蜂嗡嗡叫。

Bees hum.

甲虫/蜜蜂嗡嗡叫。

Beetles / Bees drone.

苍蝇/蜜蜂嗡嗡叫。

Flies / Bees buzz.

（3）公牛/雄象/去势公牛/成年牡鹿吼叫。

Bulls/He-elephants/Oxen/Stags bellow.

狮子/老虎吼叫。

Lions / Tigers roar.

鹿吼叫。

Deer bell

（4）游隼鸣叫。

Falcons chant.

猫头鹰鸣叫。

Owls hoot

（5）小牛咩咩叫。

Calves bleat.

绵羊/羔羊咩咩叫。

Sheep/Lambs baa or bleat.

（二）汉语中是"叫"的近义词或用它们与其他词构成的词组

（1）熊/狮子/老虎咆哮。

Bears/Lions/Tigers growl.

狗狂吠。

Dogs growl/howl.

（2）猪呼噜作声。

Pigs grunt.

猫高兴时呼噜作声。

Cats purr.

（3）蛇嘶嘶作声。

Snakes hiss.

马嘶。

Horses hiss.

（三）小结

从上述例子中，我们不难发现以下几点：

（1）汉语中可用同一个词语描述好几种动物的叫声，如"叫""嗡嗡叫""吼叫""鸣叫""咩咩叫""吱吱叫""呱呱叫""咕咕叫""尖叫""咯咯叫""唧唧叫""嗥叫""呼噜作声"分别可用来描述两种以上动物的叫声；而用英语表达与上述相应的叫声一般需用不同的词语。这是该部分对比的重点。

（2）英语中不同的动词可描述同一种动物的同一种叫声，如 Bees hum/drone/buzz.

（3）英语中，同一动物的不同叫声多用不同的词，鲜用短语，如 Dogs bark/bleak/growl/howl.

（4）英语中，同一个动词或词组可描述不同动物的叫声，但要注意英译汉时的不对应，如 hiss.

第四章　英汉语法对比

本章为英汉语法对比，主要从英汉语法对比概述，英汉时态、语态以及语气（mood）对比，英汉句子成分对比，英汉基本句型对比，英汉句子结构对比这五方面展开。

第一节　英汉语法对比概述

一、英汉语法对比的重要意义

每一门语言中，语音、词汇、语法、语义是四个基本要素。其中词汇是构成句子的基本材料；通过一定的组织规律将词汇串联起来，成为句子，这就是语法。词汇和语法以音义结合的形式，共同成就了语言。语音是语言的物质外壳；语义是语言的内涵意义。不同的语言体系里，语音、词汇和语法也是不同的，但是语义在全世界的语言中都是相通的，不具备区别性。

不同的语言中，语法的区别最为明显。这是因为，语言体系本身有着民族化差异。一个地区的人们在长期的共同生活中，形成了约定俗成的语言习惯，语言思维习惯和语言表达方式。本地区的成员共同遵守这些不成文的语言组织规律，并世代相传下来，最终形成本民族独具特点的语法规律。所以，语法具有十分鲜明的民族特性。正是每个民族个性鲜明的语法体系，使得语法成为语言对比中最重要的一方面。

在英语和汉语体系中也是如此，英语和汉语的发音和词汇系统千差万别，即便如此，语音和词汇也并不是两者区别的主要方面。就如同，西方人和东方人的皮肤、头发和眼睛的颜色不一样，但这些都是外在的东西，思维和文化的不同才是根本。语言也是一样，英汉语法系统的不同，才是两门语言最重要的差别。因为语法系统有着本身内在的规律，各自独立为一套语法系统，增加了区别的难度。想要弄清英汉语法系统的不同，首先要学习词汇和语音，必要的时候还要弄清楚语言背后的文化，才能够对语法系统进行对比。虽烦琐，但英汉语法对比的重要性确是不容忽视的。

二、英汉语对比的常用方法

（一）求同对比与求异对比

对比语言学研究的方向，是希望通过对两种或多种语言的对比，找出它们之间的共同点，也叫求同对比；或者找到它们之间的不同点，也叫求异对比。两种方法的研究目的是不一样的，就求异对比来说，它是为了指导语言教学和翻译而做的。在英汉语法对比中使用求异对比方法，首先是找出英汉语法中完全不同的内容，即此有彼无，或此无彼有的内容。比如，对谓语动词的研究，汉语中的谓语动词单纯是一个动词，不包含形态标记；英语中谓语动词可以变换人称、时态、语态等；汉语中有"呀""啊""哇"等语气助词，英语中是没有语气助词的。

其次是找出同中有异或貌同实异的内容。如英汉语中都有附加疑问句，但它们的构成方式和语用目的各不相同：英语的附加疑问句疑问部分与陈述部分关系密切，疑问部分的人称、数、动词及其时态一般必须与陈述部分保持一致，而且陈述部分（在前）和疑问部分（在后）一般遵循"肯定＋否定"或"否定＋肯定"的搭配原则；汉语的附加疑问句疑问部分与陈述部分的关系松散，疑问部分与陈述部分没有任何句法上的联系，疑问部分的形式并不因陈述部分内容的不同而不同，而只是少数固定的疑问格式，如"是不是""对不对""是吗""对吗""不是吗"等。英语中的附加疑问句是独立的句子结构，通过陈述事实向对方询问或证实信息的正确与否；汉语中的附加疑问句增加了一个询问对错的功能。这一点可从以下例句的比较中看得出来：

"She can speak Chinese, can't he?" "Yes, She can."

"她会讲汉语，是不是/对不对/是吗/对吗？""是/对，她会讲汉语。"

接下来讲求同对比，它以寻找语言结构的共同之处为目的。世界上的语言是有共通之处的，这是人们普遍认同的观点。越来越多的英汉语言研究者开始透过两门语言的表象，通过寻找它们之间的本质上的共性特征，指导两门语言的学习。

求异对比和求同对比都很重要，但由于对比语言学更注重寻找语言之间的差异，求异对比的用途更为广泛。

（二）静态对比与动态对比

静态对比，意思就是英汉语法结构在静止状态下的对比。那么，什么是静止状态下的语法结构呢？我们可以这样理解，它通常陈述事实，不附带任何语用意义。用另外的话说就是，此时的句子和语法结构与句子表面意思一致，不包含有言外之意。这时，该句子的语法结构相对稳定，处于静止状态。通过静态对比，更容易发现英汉语法各自的特点和规律，从而寻找到两者语法的不同之处。

动态对比顾名思义，意思就是运动状态下对语法结构进行的对比。所谓的运动状态，并不是句子本身结构的改变，而是指某些特定的语用意义时语法结构的状态。运动状态本身是一种非常规状态，它考查的是在特定环境下，两种语言的语法结构具有的语用功能，及语用功能的变化规律。

如果说，静态对比是语法结构的解剖图，那么动态对比就是语法结构的路程变化图。两种方式没有哪种更重要的说法，两者是语法结构两种不同的研究面，其中，静态对比是最基本的方式，动态对比是更深层次的对比。

（三）共时对比与历时对比

所谓共时，某一特定时刻系统内部因素之间的关系。共时对比，就是在相同的时间平面内进行的对比。例如，古代汉语和古代英语之间做对比，现代汉语和现代英语之间做对比，来寻找特定时期内，英汉语言语法结构的不同。

所谓历时，指一个系统发展的历史性变化情况，"过去－现在－将来"。历时对比，是指不同时间平面上的纵向对比。例如，古代汉语与现在汉语语法结构的对比，古代英语和现代英语语法结构的对比。两者不同时间段内对比的结果，再进行横向对比。这么做的目的是在历史演变过程中，寻找语法结构的演变规律，通过纵向时间轴找到差异化形成的历史原因。

英汉对比研究，共时对比在我国发展较好，现在国内英汉对比研究成果以共时对比为主。但两者确实是相辅相成的，共时对比是基础，历时对比研究能加深对共时对比成果的认识。现在的任务，是要加强对历时对比的研究。

（四）"由外到内"对比与"由内到外"对比

叶斯柏森用由外向内（O→I）和由内向外（I→O）表示双向互动，对语言的研究这也是一个经常用到的方法。由内到外的研究，是指从语言内在意义出发，探求意义的表达形式。由外到内的研究，则完全相反，指从语言形式出发，探究其内在所要表达的意义。这种双向研究的方法不仅适用于对一种语言进行研究，而且也适用于对两种或多种语言进行对比研究。在英汉语法对比时，由外到内对比就是将相同或相似的语法结构形式进行对比，找出它们在两种语言中所表达的意义或表意功能的差异；由内到外对比就是对两种语言中共有的语义范畴或认知范畴，如定指、泛指、指称数量、时间、处所、否定、比较等进行对比，找出它们在两种语言中表达方式的异同。

（五）微观对比与宏观对比

英汉语法对比研究中的点有很多，小到一个词、句型，大到一个语法系统，都可以作为研究的对象。我们根据研究的层级不同，分为微观对比研究和宏观对比研究。相对于微观对比，宏观对比研究的范畴要大很多。多数的时候，宏观对比是从语法产生更深次的历史原因着手，例如语言的文化背景、社会背景、民族思维背景等大的背景环境下进行对比。宏观研究的意义，是考察外部环境对语法结构形成的影响。而微观对比则要更为具体，主要考察语言之间，从词到句型各种具体的语法差异性。微观对比是英汉语言对比研究的基础，而宏观对比是微观对比的升华和深化。两者相辅相成，互相支撑促进。我国英汉对比研究起步较晚，在微观对比与宏观对比两个方面都还有大量的工作要做。

第二节　英汉时态、语态以及语气（mood）对比

英汉两种语言在时态、语态、语气上都有较为明显的差异，正确理解这些差异可以对二语习得、英汉对译产生一定的启发。

一、时态

广义的时态指动作或状态与所发生时间之间的关系。在英汉两种语言中，要表达在不同时间下的动作或状态，都需要借助时间状语的引导。除此之外，英语中还通过动词形式的变化来更加具体地表明动作或状态与所发生时间的关系。英语时态（tense）的主要形式（以动词 study 为例）如表 4-2-1 所示。

表 4-2-1　英语时态的主要形式（以动词 study 为例）

名称	一般时	进行时	完成时	完成进行时
现在时	study	be studying	have studied	have been studying
过去时	studied	be studying	had studied	had been studying
将来时	will study	will be studying	will have studied	will have been studying
过去将来时	would study	would be studying	would have studied	would have been studying

汉语中也经常需要表达过去时、现在时、将来时、进行时等意味，但是

汉语时态表达不涉及动词形式的变化，而是通过一些时间状语进行灵活表达。

汉语现在时：一般不需要时间状语的引导。例如：

（1）我叫张燕。

（2）这是一个可以进行交友的网站。

汉语过去时：在过去的动作前加上时间状语或"原来""曾经"等时态词。例如：

（1）昨天我去了人民公园。

（2）我曾经在农村住过几年。

汉语将来时：在未来的动作前加上时间状语或"将""要"等时态词。例如：

（1）我们明天去哪过周末？

（2）新的一年将是团结进步的一年。

汉语进行时：在进行中的动作前加上时间状语或"正在""正""在"等时态词。例如：

（1）汽车正飞驰在笔直的高速公路上。

（2）新的工作计划正在顺利实施。

汉语完成时：在完成的动作前加上时间状语并加上"完成""已经""了"等时态词。例如：

（1）我已经放弃了继续在这个公司工作。

（2）五年来我们完成了跨越式的发展。

除了时间状语外，汉语中的一些体助词（"了""着""过"等），趋向动词（"起来""下去"等），以及一些副词都可以辅助表达不同的时态意味。有时汉语的时态意义隐含于句中，需要通过语境判断。例如：

（1）我吃着饭呢。（表进行）

（2）我吃过饭了。（表完成）

（3）这个政策必须严格执行下去。（表将来）

（4）我明天就去。（表将来）

（5）我去接你。（隐含将来意味）

英语时态有着严格的使用规则，句子成分之间必须保持一致性。而汉语中谓语动词受到时态的限制较小，使用规则也相对灵活。从英汉时态表达方式的不同上，我们可以进一步体会到英汉语言"形合"和"意合"的不同思维方式。

二、英汉被动句句式对比

英汉语中都有语态（voice）的区分，语态表明了句中主语和谓语动词之间的关系。主动语态（the active voice）指主语作动作的执行者；被动语态（the passive voice）指主语作动作的承受者。在两种语言中，被动语态的使用都十分频繁。

英语被动句主要采用"结构被动"，即被动结构由 be 或 get 加上及物动词的过去分词构成。例如：

（1）I was shocked by the bad news.

我被噩耗震惊了。

（2）Mary got hit by the car.

玛丽被车撞了。

需要注意的是在"be＋过去分词"的结构中，be 是助动词（auxiliary），可以用来独立构成否定和疑问句；get 不是助动词，在否定句和疑问句必须增加助动词。例如：

（1）Are you married?

你结婚了吗？

（2）I didn't get married at that time.

我那时候还没结婚。

另外"get＋过去分词"在谈论为自己做的事时表示主动的含义。例如：

I got dressed as soon as I got up.

我一起床就穿上了衣服。

狭义的汉语被动句指"被"字结构句，或由与"被"字同义的"叫、让、给"组成的被动结构。例如：

（1）我被老师批评了。

（2）我让他气坏了。

除此之外，汉语中还存在着大量"意义被动"的现象，即以动词的主动形式表被动意义。例如：

（1）邮件已发送。

（2）房间刚刚收拾过了。

（3）我挨了他一顿打。

（4）会上大家都受到了热烈气氛的感染。

（5）他的提议遭到了大家的一致反对。

相比汉语来说，英语中虽然也有个别以主动语态表示被动意义的例子，但在数量上却远不及汉语中多。例如：

The cake eats well.

蛋糕很好吃。

从被动句的功用和意义上来说，英语被动句的使用范围十分广泛，在所有可以忽略施事者的场合下都可以用被动句。尤其在科技类、新闻类、公文类问题中，为了实现表达语气公正、客观、冷静的效果，被动句的使用就更加频繁。而在汉语中，"被"字由"承受""遭受"的意思演化而来，被动结构往往隐含着"不情愿发生"的意味，如常见的"被捕""被迫"。虽然在一定的语境中，使用汉语被动句是有必要的，但总体来说，汉语被动句的使用频率不及英语被动句。

三、英汉虚拟意义表达对比

语气（mood）指说话者对所说内容持有的看法和态度。英语中的语气主要有三种：陈述语气、祈使语气和虚拟语气。汉语中的语气主要有陈述语气、疑问语气、祈使语气和感叹语气。由于虚拟语气（the subjunctive mood）是英语中特有的语气模式，因此汉语人群在学习英语和进行英汉对译时常常感到困惑。

　　虚拟语气用来表示说话人的主观愿望、假想、怀疑、想象、猜测等，而不表示客观存在的事实。英语虚拟语气通过谓语动词的特殊形式来表示，具体用法如下：

　　虚拟语气在简单句中可以表示委婉语气、祝愿、命令、感叹等意味，例如：

　　（1）Would you give me a hand?

　　能帮帮我吗？

　　（2）Long live the people.

　　人民万岁！

　　（3）(You) Do not work so hard.

　　不要这么卖力工作。

　　在宾语从句中，动词 wish，suggest，order，insist，propose 等词后面的宾语从句表示的是一种虚拟事实或愿望。例如：

　　（1）I wish I could help her.

　　我真希望能帮到她。

　　（2）The teacher suggested that we should do more exercises.

　　老师建议我们多加练习。

　　在"It is important (necessary, strange,natural) that..."这类主语从句中，that 后面的谓语动词要用"should＋动词原形"的形式。例如：

　　It's necessary that we should pay attention to the traffic lights.

　　我们必须注意交通信号。

　　虚拟语气在表示条件的状语从句和表示结果的从句中使用最多。在表示与事实相反的虚拟语气时，动词有三种时态形式，即现在、过去和将来。例如：

　　（1）If he should come, what would we do?

　　如果他真的来了，我们怎么办？（与将来实时相反）

　　（2）If I had time, I would study French.

如果我有时间，我会学习法语。（与现在事实相反）

（3）If you had got up earlier, you could have caught the train.

如果你早一点起床，就会赶上火车的。（与过去事实相反）

有时 if 引导的状语从句可以省略 if，而把从句中的动词 were，had 或 should 移到主语前面。例如：

Were I you, I wouldn't do that.

如果我是你，我不会那样做的。

与英语虚拟语气不同，汉语虚拟意义的表达不是通过谓语动词的时态变化来实现的，而是通过一些关联词和特定句式来实现的。汉语语法中没有专门关于虚拟意义的规则，表达虚拟假设的意义是常用到假设复句和条件复句。

汉语假设复句包括一般假设式和让步假设式。一般假设式例如"如果……那么……""要是……就……"

要是明天天气好，我们就按计划行动。

让步假设是指前一个分句退让一步，假设存在或出现某种情况，后一分句在意思上出现一个转折。例如：

纵然前路艰险，我们也要一往无前。

条件复句包括必备条件式（"只有……才……"），足够条件式（"只要……就……"），无条件式（"无论……都……"）例如：

（1）只有付出百倍的努力，你才能在众人中脱颖而出。

（2）只要不下雨，运动会就照常举行。

（3）无论你怎么怀疑我，我还是坚持我的说法。

由于汉语具有"形合"的特点，在表达虚拟假设意味时并不严格遵守一定的句法结构，通过句子本身隐含的意义，也能表达出英语虚拟语气的效果。例如：

（1）他年我若为青帝，报与桃花一处开。

（2）我怎么就没赶上火车呢！（隐含意义为：如果我赶上火车就好了。）

第三节 英汉句子成分对比

一、英汉语的主语

（一）实际主语与形式主语

主语分为实际主语和形式主语。实际主语，是谓语陈述的真正对象。无论英语还是汉语，句子都应该有实际主语，它在句中有时候是可以省略的，有时候也可以隐藏在前一个句子中，后面的句子就可以省略。需要注意的是，在英语中，这样的句子中省略的主语需要用代词表示出来。试比较：

If you overfulfil your plan ahead of time, it is a credit to you.

你若提前超额完成计划，（这）就为你自己争得了荣誉。

形式主语 it，顾名思义就是没有实际意义的主语，它的存在是为了满足语法需要，避免句子头重脚轻。英语中，it 是唯一可用作形式主语的词，起到了补足句子结构的作用。

例如：

It does not matter to me which side may win the match.

哪一边可以赢得比赛对我无关紧要。

有些时候，句子中虽然有主语，为了起到强调主语的作用将其后置，而将 it 放到原主语位置上。

例如：

It's very interesting, that novel.

那本小说非常有趣。

（二）单主语与双主语

单主语：在英语和汉语中，一般来说，单句就只会有一个主语。只是，汉语中的单句，其实还有特殊的情况存在，它会出现指人和指事的两个双主语，所以叫作双主语句。它的格式一般会是：指人主语＋指事主语＋"是"类动词＋动词。例如：

我们这是在浪费时间。

What we are doing is wasting time.

在这个例句中，"我们"是指人主语，它可以是代词或名词；"这"是指事主语，类似的还可以用"那"，它们也是代词指语句中出现的事情。两个主语的前后位置是没有特别规定的，指事主语可以在指人主语后，也可以在指人主语之前。例如：

想逃跑？这你是白日做梦。

Trying to run away? It's daydreaming that you're doing.

句中的"是"类动词主要是"是"，其他还有"算""叫""算是""叫作""等于"等，它们表明说话人对事实的判定。句子的最后部分是动词性词语，可以是动词、动词性代词、形容词等。有时还可以是一个句子。例如：

我这是一桌酒菜招待一方客人。

What I'm doing is entertaining guests coming from one area with one tableful of food and drink.

句子最后部分的动词性词语，可以同时说明指人和指事主语，它一方面表示指人主语的具体行为，另一方面表示指事主语的具体内容。双主语句的语义不同于单主语句，它人事兼述、语义丰富、强调语气。其语义特点多与英语的强调句相接近。

二、英汉语的谓语

（一）简单谓语与复杂谓语

简单谓语是由动词单独构成，汉语中的谓语多为简单谓语；而所谓的复杂谓语，谓语是由"助动词＋主动词"构成，这样的谓语结构主要出现在英语语法中。因为语法结构不一样，许多汉语中的简单谓语，到了英语环境里，就变成了复杂谓语。试比较：

他不写信。

He does not write letters.

他在写信。

He is writing a letter.

他一直在写信。

He has been writing letters.

英语中的复杂谓语有多重语法结构，主要分为三种情况。第一种是"情态助动词＋主动词"复杂谓语；第二种是"形态助动词＋主动词"复杂谓语；第三种是"情态助动词＋形态助动词＋主动词"复杂谓语。在汉语中多以简单谓语为主，复杂谓语只有一种形式"情态助词＋主动词"。在英语中，涉及形态助词的复杂谓语，汉语中基本上都可以用简单谓语来表示。比如下面的句子：

They must have learned the news by now.（复杂谓语）

到现在他们想必已经知道了这个消息。（简单谓语）

英语和汉语是两种不同语言类型，决定了他们在形态上的差别。英语的语法结构中，习惯用形态表示不同语法意义。就谓语形态而言，同一个动词使用其不同形态，表达的意义截然不同。所以，形态助动词成为必要，为表达复杂的语法意义而存在。但是，汉语并没有特别严格意义上的形态，汉语中谓语的语法意义不必需要通过动词表示，它有其他的表达方式，因此不需要形态助动词，因此，汉语中基本上是简单谓语为主。要想掌握英语中复杂谓语动词用法，需要掌握英语形态的用法。

（二）并列谓语与连动谓语

两个或两个以上，在语法上处于并列关系，为解释说明同一个主语对象，同时满足这三个条件的称为并列谓语。在英语里和在汉语里都有并列谓语的出现，在使用形式上稍微有些差别。在汉语中，并列谓语可用连接词连接，或中间用逗号隔开，也可以什么都不用直接并列。试比较：

我们热爱生活，赞美生活。

We love and sing the praises of our life.

在英语中，并列谓语一般都要由连词连接，或者用使用逗号。试比较：

At the party they sang and danced together.

晚会上他们一起唱歌跳舞。

连动谓语是指两个或两个以上，解释同一个主语，语法上是相继连续说明关系的谓语。连动谓语最大的特点是，前后的动词存着逻辑关系上的先后顺序。也就是说，第一个动词动作发生后，才会有后面连续的一系列动词动作发生。连动谓语是汉语特有的形式，英语中是没有连动谓语的使用的。汉语中的连动谓语翻译成英语，在英语语法结构中需要加上连接词，变成并列谓语的形式。试比较：

他打开门走了出去。

He opened the door and went out.

（三）重复谓语与重叠谓语

He wrote, wrote, wrote, until he could no longer write again.

他写啊写啊，不停地写，直到再也写不动了。

这个句子中，同一谓语"写"（wrote）不停重复出现，这样的形式称为重复谓语。无论英语还是汉语中，重复谓语都会出现。只是，汉语中的重复谓语格式更为丰富一些。常见的重复形式有"A啊A啊""AB啊AB""A了又A""AB（了）AB""A来A去""……也A，……也A"等6种格式。

在英语中重复谓语的使用相对比较简单，一般由（and）或逗号连接。英语的重复谓语不同于汉语的一点是，它一般会呈现出某种修辞效果。

在汉语中，作为谓语的形容词也可以重复，格式是"A又A"和"A而又A"。例如：

家乡的泉水清又清。

The spring water in my hometown is very, very clear.

重叠谓语是指，作为谓语的动词或形容词重叠使用。它的格式有："AA"式，如"说说""看看""ABAB"式。其中，"AA"式还可以变形为更多形式，"A 了 A"（如"看了看"）"A 一 A"（如"看一看"）和"A 了一 A"（如"看了一看"）等变化形式。重叠谓语只在汉语中使用，谓语重叠的意义是为了表示时量和动量都还没有最后确定的动作。时量和动量是可以做大小变化的。如量较大，则是对动作的加强和加繁；如量较小，则是对动作的减弱。于是，时量和动量的大小就决定了动词重叠谓语的诸如"反复轻微、轻松、尝试委婉"等语用意义。英语没有重叠谓语，汉语的动词重叠谓语在英语中通常可用含有时量或动量概念的表达方式表达。试比较：

"你晚饭后打算干点什么？""到外面随便走走。"

"What are you going to do after supper?" "Take a short walk outside."

汉语中的动词重叠谓语非常普遍，多数口语体单音节动作动词都可以重叠，口语体双音节动作动词也有一部分可以重叠，只是重叠的格式一般固定为"ABAB"式。但关系动词趋向动词、情态助动词和结果意义明显的动词一般不重叠。除动词重叠谓语以外，汉语中还有形容词重叠谓语，其格式有"AA 的""ABAB 的"和"AABB（的）"等。形容词重叠谓语表示对形容词性质的强调。例如：

房里黑黑的，什么也看不见。

It was indeed rather dark in the room. I couldn't see anything.

三、英汉语的宾语

（一）实际宾语与形式宾语

实际宾语是动作涉及的直接或间接对象；形式宾语是实际宾语的代替形式，它没有词汇意义，只代行宾语的句法功能。英汉语都有实际宾语，它们都由实词或表达实词意义的短语或分句担任，通常情况下出现在动词之后。形式宾语为英语所独有，它由 it 担任，代替作实际宾语的非限定动词短语或分句。使用形式宾语，主要有两种情况。一是作实际宾语的非限定动词短语或分句带有宾语补语时，须有形式宾语出现在宾语位置，而将实际宾语置于宾语补语之后。例如：

I think it important to be always ready to meet all kinds of challenges.

我认为时刻准备迎接各种挑战很重要。

使用形式宾语的第二种情况是，有些动词通常不接宾语分句，如要接宾语分句，须先出现形式宾语。例如：

Let me come and stay. You can put it that it was arranged before.

让我来住吧，你就说这是以前就安排好的。

（二）单宾语与双宾语

单宾语指简单及物动词所带的宾语，它是一个宾语，且其后没有宾语补语。英汉语的及物动词大多带单宾语。例如：

John owns a big farm.

约翰拥有一个很大的农场。

双宾语指双重及物动词所带的宾语，它们分直接宾语和间接宾语。英汉语都有双重及物动词，因而都有双宾语。但英语的双重及物动词远比汉语多，不少在英语中带双宾语的动词，在汉语中不能带双宾语。试比较：

We will never forgive the enemies their crimes.

我们决不宽恕敌人的罪恶。

双宾语中，直接宾语是动作涉及的直接对象，是动作的直接承受者或直接结果，可以指人也可以指物；间接宾语是动作涉及的间接对象，主要指动作所针对的人。但英语中间接宾语有时可以指物，此时直接宾语一般为表示动作的名词；汉语的间接宾语偶尔也可以指物，可与之配合的直接宾语一般为动量名词。试比较：

He gave the car a wash.

他把车洗了洗/他洗了洗车。

在通常情况下，双宾语的位置是先间接宾语后直接宾语。而且有时这种位置是强制性的，不可变更，在英语和汉语中都是如此。例如：

They told me that Tom was not feeling very well.

他们告诉我汤姆不太舒服。

但是，间接宾语由介词引导时可以移位。在英语中这种情况较为普遍，当间接宾语是动作的领受者或受惠者时，它们可分别由 to 或 for 引导出现在直接宾语之后。例如：

John offered Mary some help.

John offered some help to Mary.

约翰主动给玛丽帮忙。

有些动词后，后置的间接宾语既可用 to 也可用 for 引导，有时语义似乎没多少差别：

His father left a fortune to/for him.

他父亲留给他一笔财富。

具有其他语义特性（主要是"受损者"和"伴随者"）的间接宾语则由其他介词引导后置。如"受损者"由 of，from 或 out of 引导；"伴随者"由 with 引导。例如：

I borrowed some books from /of him.

我向他借了几本书。

在汉语中，间接宾语前后移动。它可以紧跟在直接宾语之后，或者在动词之前使用间接宾语。间接宾语往后移动，需要加上介词"给"；间接宾语的前移可由"给"或"向"引导。试比较：

老师传授学生各种知识。

老师传授各种知识给学生。

老师向学生传授各种知识。

Teachers impart all kinds of knowledge to their students.

（三）同源宾语与动名化宾语

George dreamed a revealing dream.

乔治做了一个暴露事实真相的梦。

这个句型中，宾语"dream"来自和谓语动词同源的名词，这样的宾语就叫作同源宾语。同源宾语和谓语是相关联的，这种关联既来自语义上，又来自形态上。语义上的关联指宾语名词重复谓语动词的意思或一部分意思；形式上的关联指宾语名词和谓语动词同形或者同根。同源宾语在英语中使用非常广泛。

"动词＋a＋形容词＋名词"是英语中含宾语同源句子常用的句型。例如：

They fought a clean fight.

They fought cleanly.

他们干净利落地打了一仗。

因为宾语名词和谓语动词语义重复，因此宾语前的形容词也起到了解释说明谓语动词的功能，进一步说明动作的方式或者性质。

汉语中是没有同源宾语一说的，是因为汉语并不是和英语一样通过词根构词，所以也不存在词语同源的说法。在汉语中也有一些类似于同源宾语形式的结构 A 一 A，如"听一听""想一想"，结构上看似和同源宾语相同，实际上它在句子中的表达的意义和使用形式和同源宾语没有一点关系，它们仅作为重叠谓语使用。

动名化宾语指由动词名词化后而充当的宾语。动词可以通过转类和派生等方式实现名词化。动词名词化后仍保留着动词的语义特性，它们可出现在普通意义的动词之后作宾语，在语义上实际起着说明主语的作用。英语中动名化宾语非常普遍，它们常出现在 do，give，have，make，pay，put，take 等动词之后，常见的结构形式是 v＋a＋n。例如：

Please do take a taste of this green tea.

≈Please do taste this green tea.

请你一定要尝尝这种绿茶。

从例句中可以看出，带动名化宾语的动词语义不具体，不能对主语做出明确的说明；而动名化宾语表达动词的意义，是谓语的主要意义之所在。英语中另一种含动名化宾语的结构形式是 do＋some＋v-ing.其语义特点与前一种结构形式大体相同。例如：

We used to do some running in the morning.

≈We used to run for some time in the morning.

过去我们早上跑跑步。

汉语中没有上述对应的动名化宾语，要表达相同的意义，通常采用重叠谓语或动补结构（动词＋动量补语）。但汉语中有时也可见到含动名化宾语的句子，只是结构与英语不同罢了。如在表示普通意义的动词"作""进行""给"等之后就是这样。例如：

在你们这儿我们只能作短暂停留。

在你们这儿我们只能短暂停留。

We can only make a short stay at this place of yours.

（四）宾语的形式与意义

宾语作为动作涉及的对象，也是一种名词性句法成分，它的语义特性与主语相同，它的构成从词类上看也基本与主语相同。英汉语的宾语都符合这些特点，它们都一般由名词或名词等同语担任，除介词短语不作宾语以外，凡能作主语的词类和结构一般都能作宾语。但尽管如此，英汉语的宾语还存在诸多差别。下面对主要的差别进行对比。

1. 代词作宾语时格的差别

这里的代词指人称代词与指人的疑问代词和关系代词（限英语）。英语中这些代词作宾语时需用宾格形式（you 与 it 主宾格同形），而汉语没有格形变化。试比较：

We（主语主格）beat them in the first game, and they beat us（宾语宾格）in the second one.

第一场比赛我们打败了他们，第二场比赛他们打败了我们。

值得注意的是，现在（特别是在口语中）who 已经可以用作宾语了，如以上两例中的 whom 即可用 who 代替。但是，直接出现于介词之后时仍用whom。试比较：

He is the man with whom we argued yesterday.

He is the man who/whom we argued with yesterday.

他是我们昨天与之争吵的那个人。

2. 动词（短语）作宾语时形式与语义的差别

动词作宾语的传统无论在英语还是汉语中都适用。但是英汉句子中，动词作为宾语时也会有一些不同。英语中，有不定式和 -ing 分词两种，汉语只有动词原形一种，因此英语需在形式上做出选择，汉语则不用。从语义上看，动词作宾语总体而论都是表示动作，但这些动作有的受主语主观意志的影响，有的不受主语主观意志的影响，受主观意志影响者为主观性动作，不受主观意志影响者为客观性动作。英汉语作宾语的动词一般都具有这些语义特点，但英语中这些语义特点是外显的，不同的语义由不同的形式来体现，具体而言就是，不定式通常表示主观性动作，因而常出现于主观性动词之后；-ing 分词通常表示客观性动作，因而常出现于客观性动词之后。汉语中宾语动词的语义特点是内隐的，需通过语境去领悟或由其他的句法手段来表达。试比较：

He vowed to kill his enemy.

他立誓要杀死自己的敌人。

3. 分句与主谓短语作宾语时形式与语义的差别

英语的分句和汉语的主谓短语都可以作宾语，在英语中作宾语的分句称为宾语分句，在汉语中作宾语的主谓短语称为作宾主谓短语。英语的宾语分句一般都由连接词引导。一种是由 that 引导，称为 that 分句，但 that 在分句中不担任任何句子成分，因而在口语和不很正式的文体中可以省略。That 分句的所指意义是陈述特定的事实。汉语的作宾主谓短语也可以陈述事实，但它没有连接词引导。试比较：

He came to know (that) book knowledge can be useful only when it is linked with practice.

他终于知道书本知识只有与实践发生联系才有用处。

英语的另一种宾语分句由疑问词引导，称为疑问分句。引导疑问分句的疑问词在分句中担任不同的句子成分，因而不能省略。疑问分句的所指意义是提出特定的问题。汉语的作宾主谓短语也可以提出问题，但疑问词的位置由在短语中担任的句法成分决定。试比较：

He asked who was willing to go with him.

他问谁愿意跟他去。（作主语）

英语中还有一种宾语分句，它们由缩合词引导，称为缩合分句。缩合词在分句中也担任不同的句子成分，也不能省略。缩合词有两种形式，一种是简单式，与疑问词同形；另一种是复合式，由疑问词＋ever 构成，复合式是简单式的强调形式。缩合分句是指特定的人和事等，在汉语中可用"的"字结构、名词短语或主谓短语表示。试比较：

I don't quite agree with what / whatever you say.

我不太同意你所说的（话）。

凡是你说的（话），我都不太同意。

英语的宾语分句除了表示主句主语自己的陈述和提问以外，还可以引述别人的陈述或提问。但不论何种情况，宾语分句中动词的时态都受主句与分句之间时间关系的制约，即分句的时态须与主句的时态保持合理的时间关系。一般而言，主句与分句呈同时关系时，分句中用一般态或进行态动词形式；主句与分句呈先时关系时，分句中用一般态或完成态或延续态动词形式；主句与分句呈后时关系时，分句中用将来表达式。汉语的作宾主谓短语也有表示自己和引述他人陈述与提问的语用功能，但由于汉语动词没有时态形态变化，因而无须考虑前后时态形式的呼应。当然，毋庸置疑，作宾主谓短语与引述动词之间的时间关系同样存在，只是表达的方式不是通过动词形态而是通过助词、时间词或语境而已。

四、英汉语的补语

（一）主语补语

主语补语是以主语为补充对象的补语，它补充说明主语的状态身份、特征和内容等情况。主语补语分语法主语补语和语义主语补语。从语言实际看，英汉语中都有能起主语补语的句法和语义功能的语言现象。

1. 语法主语补语

语法主语补语指由系动词连接与主语发生句法联系而对主语作补充说明的句子成分。系动词是在主语和主语补语之间起连接作用的动词。英语系动词较多，可根据句法特点分为完全系动词和不完全系动词。汉语中类似的动词有不同的称谓，或类似的语义要用不同的方式表达。

（1）完全系动词与主语补语

完全系动词是具有完整的连接功能的系动词，可以接形容词、名词、代词数词、副词、分词不定式介词短语和分句等 9 种不同形式的主语补语。英语中联系动词 be 具有上述功能，是唯一的完全系动词。与之基本对应的汉语动词是"是"，只是"是"在汉语语法中有人称为系动词，有人称为关系动词或判断动词，它的后续成分有人称作补语（表语），有人称作宾语。尽管如此，be 与"是"的意义与用法有不少相同之处，这是显而易见的。如它们都可以表示主语和主语补语之间"等同""归类""比喻"等语义关系。表示等同关系时，主语补语是主语的具体内容，两者一般可以互换，且基本意义不变；表示归类关系时，主语补语是类，主语是类中的部分，两者不可互换；表示比喻时，主语是本体，主语补语是喻体，两者也不可互换。试比较：

Beijing is the capital of the People's Republic of China.

北京是中华人民共和国的首都。

The capital of the People's Republic of China is Beijing.

中华人民共和国的首都是北京。

当然 be 与"是"也有不同的地方，最主要的是，be 既可接名词性主语补语（名词、代词数词、动词短语和分句），也可接形容词性（形容词、分词、介词短语）和副词性主语补语；而"是"一般接名词性后续成分。下面英语句中的 be 有时不能或不一定要译成"是"，汉语句中的"是"有时不能或不一定要译成 be。这一情况产生的原因，除两种语言对相同概念的表达方式不完全相同以外，更重要的就是 be 与"是"的构句能力不同。试比较：

Now that winter is here, spring won't be far off.

冬天已经来了，春天不会远了。

（2）不完全系动词与主语补语

不完全系动词是指具有部分连接功能的系动词，它们主要接形容词、分词（形容词性）、名词介词短语等作主语补语。根据意义，英语的不完全系动词可分为 remain（仍然是/继续是）类；become（变成/成为）类；prove（证明是/结果是）类；seem（好像是/看起来是）类和 feel（感觉是）类 5 类。汉语没有不完全系动词，英语不完全系动词的意义在汉语中可用含"是"字的表达式或其他方式表达。例如：

I think we shall always keep friends.

我想我们会永远是朋友。

2. 语义主语补语

语义主语补语指在语义上补充说明主语，但在句法上不由系动词连接与主语发生直接联系的句子成分。语义主语补语主要出现在被动动词之后。英语语义主语补语非常普遍，带宾语补语的动词变为被动语态后，其宾语补语就成为主语补语。例如：

The thief was found sneaking into the room.

有人看见小偷溜进了房间。

汉语中语义主语补语不很普遍，因为汉语中主动句与被动句的转换受到限制，很多含宾语补语的主动句没有对应的被动句。试比较：

公司派他去调查市场。

The company has sent him to investigate the market.

下面的英汉语句子基本对应，只是英语句子的斜体部分称为主语补语，汉语句子的楷体部分称为动词补语（下文将有讨论）。试比较：

The sky was dyed red by sunset.

天空被落日染得通红。

英语中还有一种语义主语补语，它们出现在主动句中，说明主语在谓语动作发生时的状态。汉语没有类似的句型。试比较：

The sun rose red.

红红的太阳冉冉升起。

（二）宾语补语

宾语补语是以宾语为补充对象的补语，它补充说明宾语的状态、性质和特征等情况。宾语补语通常出现在宾语之后。英语中宾语补语十分常见，在使役性复杂及物动词、感知性复杂及物动词、定义性复杂及物动词和结果性复杂及物动词之后都可以出现宾语补语。汉语中"宾语+宾语补语"结构称为"兼语式"，其实质与英语的同类语言现象相同，在这里放在一起对比讨论。汉语中带兼语式的动词与英语中带宾语补语的动词有不少是相同的，有些则存在差异。现分类简要对比如下：

1. 使役性复杂及物动词与宾语补语

英汉语中的使役性复杂及物动词（含爱憎好恶意义的动词）大多需接宾语补语。试比较：

Teachers should encourage their students to ask questions.

老师应当鼓励学生提问。

2. 感知性复杂及物动词与宾语补语

先请比较以下例句：

We saw *the building collapse* .

我们看见那栋房子倒塌了。

英语例句中的斜体部分为宾语+宾语补语，这一点没有非议。汉语例句的楷体部分，有人认为是句子作宾语，这有一定道理。原因是其中的动词没有非限定形式的形态标志，可看作句子的谓语，楷体部分在语义上可成为一个整体，在句法上它有时可前置或成为被动句的主语。试比较：

那栋房子倒塌我们看见了。

The building collapse we saw.

3. 定义性复杂及物动词与宾语补语

英汉语的定义性复杂及物动词多半也可以接宾语补语。例如：

His friends call him Big Tom.

他的朋友们叫他大个子汤姆。

4. 结果性复杂及物动词与宾语补语

结果性复杂及物动词接结果性补语，在英语中该补语是宾语补语，在汉语中它被称为动词补语，但在语义上它同样说明宾语。试比较：

They beat him unconscious.

他们打得他失去知觉。

他们把他打得失去了知觉。

从比较中看出，英语的宾语补语与汉语中说明宾语的动词补语，其句中位置和句法形式均有不同。英语的宾语补语一般在宾语之后，除非是宾语过长；汉语的动词补语通常在动词之后，但有时可被宾语隔开。

（三）动词补语

动词补语是以动词（含动词性词语）为补充对象的补语，是汉语特有的句子成分。英语中修饰动词的成分，无论出现在动词之前还是动词之后，都叫作状语。汉语则不同，出现在动词前的修饰成分称为状语，出现在动词后的修饰成分称为补语。由此可知，汉语的动词补语与英语的状语有着一定的联系，但两者之间又不仅只是称谓不同，它们在语义和用法上存在着很大差异。现以汉语动词补语的语义分类为纲，对两种语言中同类意义的表达方式进行对比。

1. 结果补语

结果补语表示动作产生的实际结果，它有带助词"得"和不带助词"得"两种形式，前者为多音节补语，后者一般为单音节补语。英语通常采用结果动词或结果状语来表达动作的实际结果。试比较：

她激动得流出了眼泪。

She was so excited that tears came out of her eyes.

2. 程度补语

程度补语表示动作或性状所达到的程度，它也有带助词"得"和不带助词"得"两种形式。英语一般用程度状语来表达这种意义。试比较：

姐妹俩像得要命。

The two sisters look very much alike.

The two sisters are as like as two peas.

3. 状态补语

状态补语表示行为动作所呈现的状态，有带"得"和带"个"两种形式。英语一般用方式状语来表达这种意义。试比较：

我们相处得像一家人。

We get along well like one family.

4. 趋向补语

趋向补语表示行为动作的趋向，由趋向动词充当。英语常用含有方向意义的小品副词来表示这种意义。试比较：

前面的同学请坐下（来）。

Students standing in the front please sit down.

5. 可能补语

可能补语出现在动词或少数形容词之后，表示动词发生或性状出现的可能性。它有"得"/"不得"式和"得……"/"不……"式，其中"得"式只能出现于单音节动词之后，其余几种形式既可以出现在单音节动词之后，也可以出现在双音节动词或形容词之后；在"得……"/"不……"式中，出现在"得"/"不"之后的是表示结果或趋向意义的词语。例如：

这儿的水喝得，那儿的水喝不得。

The water here is drinkable, and the water there is undrinkable/not drinkable.

从例句中看出，"得""得……"式表示肯定的可能性，在英语中可用情态动词 can 的肯定形式或表达可能意义的形容词表示；"不得"/"不……"式表示否定的可能性，在英语中可用 can 的否定形式或表达不可能意义的形容词表示。但应注意以下句子的区别：

这件衣服还穿得/穿不得了。

This jacket is still wearable /is no longer wearable.

This jacket can still be worn /can no longer be worn.

6. 时间补语、地点补语和数量补语

这 3 种补语分别表示行为动作的时间、地点和频度/长度。时间补语和地点补语通常由介词短语充任，数量补语则由数量短语充任。在英语中它们分别用时间、地点和时频/时段状语表示。试比较：

故事发生在抗战时期。

The story took place in the War of Resistance Against Japan.

五、英汉语的状语

（一）修饰性状语

状语的作用有 3 个，一是修饰，二是评注，三是连接。据此状语分为修饰性状语、评注性状语和连接性状语。修饰性状语是对词语起修饰作用的状语，可分为谓词修饰状语和非谓词修饰状语。

1. 谓词修饰状语

谓词修饰状语指对谓语动词起修饰作用的状语。英汉语的状语均可由副词（短语）、形容词（短语）、名词（短语）、介词短语、动词短语和分句等担任，均可表示动作的时间地点、方式、目的、程度、原因、结果、条件等意义。英语的副词大多由形容词+后缀-ly 派生而来，汉语的副词也可由形容词+"地"构成，但"地"并不像-ly 那样带有强制性。试比较：

They studied the problems carefully/ careful.

他们仔细地/仔细研究了那些问题。

英语中有些副词有简单（不带-ly）和派生两种形式，它们作状语时在语义和文体等方面往往存在差异；汉语中由形容词转化而来的副词（有人认为仍然是形容词）作状语带"地"与否一般不存在语义差别，对"地"的取舍一是由副词对谓词的黏着力决定，二是由句子的音律节奏决定。试比较：

He held her close .

他紧紧地抱住她。

He regarded her closely.

他密切地/认真地注视着她。

英语的形容词作状语不很普遍，它们实际上是分句或非限定动词短语的压缩形式。这种状语的意义在汉语中要用句子来表达。试比较：

Penniless, he sold his watch.

Because he was penniless /Being penniless, he sold his watch.

他身无分文，把手表卖掉了。

英语中作状语的名词主要是时间名词和数量名词，汉语中除上述两类名词以外还有地点名词。试比较：

She works days and goes to school nights.

她白天工作，晚上上学。

在当代英语中，名词作状语的情况开始普遍起来。例如：

He recited the list to himself, parrot fashion, till the doctor's name came out.

他像鹦鹉学舌一样地背诵着名单，直到背出了医生的名字。

英汉语中介词短语作状语均很普遍，但相比之下英语的介词更为丰富，搭配关系更为复杂。比较以下数例，可见差别之一斑：

They helped each other at college / in the factory / on the farm.

在大学/工厂/农场里他们相互帮助。

英语中动词短语作状语十分常见。它们是由分句压缩而来的非限定动词短语，具有不同的时态形式和语态形式（-ed 分词除外），以表示与句中谓语动词之间不同的时间关系和与句中主语之间不同的逻辑主谓关系。汉语中动词作状语没有不同的形式，相应的语法意义主要通过词汇手段来表示。试比较：

Not to disturb his little sister (In order that he might not disturb...), he tip-toed into the room.

为了不打扰他的小妹妹，他蹑着脚悄悄地走进房子。

英汉语中都有主谓结构作状语的情况。在英语中这种结构由连词引导，在汉语里这种结构有时带关联词语，有时不带。例如：

When winter comes, spring won't be far off.

冬天来时，春天不会太远。

英语的状语分句一般有完整的主谓结构，只有在较为正式的文体中，且分句的主语与主句相同时，分句中的主语和谓语动词才可以省略。汉语的分句省去主语的情况较多，除与主要分句相同的主语可以省略以外，与主要分句不相同的主语（指不确定的人称时）也可省略。试比较：

If (you are) in doubt, ask me.

如果不清楚，问我。

英语的连词具有句法连接功能，从属连词连接分句与主句，并列连词连接并列成分，它们不能成对出现。汉语的关联词主要起副词的作用，它们可以出现在分句之首，也可以出现在分句主语之后，它们可以单独使用，也可以成对使用。

英汉语谓词状语最明显的区别是位置。在正常情况下，英语谓词状语倾向于出现在动词之后，汉语谓词状语倾向于出现在动词之前。故此英汉语句子的基本语序呈现以下差别：

英语：主语—谓语动词—（宾语）谓词状语

汉语：主语—谓词状语—谓语动词（宾语）

如前所述，谓词状语是丰富多彩的。如两个或多个谓词状语同时出现，它们得遵循一定的排列顺序。英汉语通常都根据状语的意义来安排顺序，其特点是所指意义越具体的状语与动词的粘合力越强，因而越靠近动词。据此，英汉语谓词状语的正常排列顺序如表 4-3-1 所示。

表 4-3-1　英汉语谓词状语的正常排列顺序

英语	谓语动词	方面/对象（1）	方式（2）	地点（3）	时间（4）	情状（5）
汉语	情状（5）	时间（4）	地点（3）	方面/对象（2）	方式（1）	谓语动词

表中有两点需要说明：（1）情状状语包括表示"条件""目的""原因"（英语还包括"结果"）等意义的状语；（2）除"方面/对象"状语和"方式"状语的相对位置不同以外，英汉语谓词状语的顺序刚好相反。试比较：

The children play happily in the park every day.

孩子们每天在公园里幸福地玩耍。

表示时间和地点的状语有单位大小之分，几个同类状语同时出现时，英语中的正常顺序是先小后大，汉语中则是先大后小，两者的顺序也刚好相反。试比较：

The poet died on a Monday morning in July 1986.

这位诗人死于 1986 年 7 月一个星期一的早晨。

然而以上各种谓词状语的位置并不是绝对固定的，有时需要根据不同的语用目的进行调整。首先是根据语义表达的要求进行调整，如要强调或对比某种状语意义等。其次是根据结构平衡的要求进行调整，如将一个句子中的几个状语分开放置、不堆砌排列、避免局部臃肿等。调整的方式是将粘合力较弱的状语前移。英语中常将情状（结果除外）、时间和地点等状语移至句首或主语和谓语动词之间，汉语则常将这些状语移至句首。

在英语句子中，前移的若是时间或地点状语，其排列顺序为先大后小，与在句尾的顺序相反，在这种情况下，英语的语序与汉语相同。

方式状语的前移在英汉语中存在差异。在英语中方式状语通常位于动词/宾语之后，但为突出句末新信息，同时也为强调状语的意义，它们可以移至句首或谓语动词之前；汉语的方式状语则一般在主谓之间，前移至句首的情况少见。

2. 非谓词修饰状语

非谓词修饰状语指对谓语动词以外的词语起修饰作用的状语。这种状语主要由副词（短语）充当，表示中心词语所指意义的程度。在英语中副词作为非谓词状语可以修饰形容词、副词、连词和介词等。汉语中起这种作用的副词主要修饰形容词和副词。例如：

This is very exciting news.

这是非常振奋人心的消息。

副词作为非谓词状语一般都出现在中心词之前，只有英语的 enough 一词除外，它要放在被它修饰的形容词或副词之后：

It is light enough in this room.

这房子里光线够亮了。

英汉语中有时用数量名词短语作非谓词状语修饰形容词，不同在于，英语名词用复数形式，汉语名词用原形。试比较：

This room is six meters wide.

这间房子 6 米宽。

这种短语用于比较结构时，两种语言差别很大。试比较：

This rope is four times longer than that one.

这根绳子比那根绳子长四倍。（补语）

在下面的句子中，修饰英语形容词的是分句，出现于形容词之后；修饰汉语形容词的是介词短语，出现在形容词之前：

The paper is as white as snow.

纸像雪一样的白。

英语中偶尔用-ing 分词作非谓词状语修饰形容词，如 boiling hot（滚烫的）、scorching hot（火灼似的热）、freezing cold（冰冷）、piercing cold（刺骨般的冷）等。

（二）评注性状语

评注性状语是对全句起评注作用的状语。根据其评注的具体内容，评注性状语可分为语体评注状语和内容评注状语。

1. 语体评注状语

语体评注状语是表示说话人对自己说话的语体和方式进行评注的状语。英汉语都有这种状语，其表达方式有同有异。同者是两种语言中这种状语的表达方式基本上都与表示说话意义的动词或词语有关。如英语中有 frankly speaking，putting it bluntly，if I may say so，to be frank，to be precise，to be blunt，to tell the truth，等等；汉语中则有"老实说""坦白地讲""（我）实话告诉你""（我）挑明了吧""恕我直言""直言相告吧"等。例如：

Putting it bluntly, he has little market value.

直率地讲/直话直说，他没有多少市场价值。

英语的表达形式丰富多彩，除含动词的表达形式外，还有大量的（经省略动词后保留的）副词和介词短语，如 flatly，truly，honestly，privately，briefly，broadly，generally，roughly，simply，literally，personally，in short，with respect，in my opinion 等，以及其他一些表达形式；而汉语的表达形式较为有限，除含上文提及的动词的短语或短句（在汉语语法中称为插入语）外，没有副词或介词短语等。

从比较中看出，英语可以用副词、介词短语、不定式短语、-ing 分词短语、-ed 分词短语和 if-分句 6 种形式，汉语相对来说则简单得多。除开表达形式的差异，语体评注状语的位置在两种语言中有时也有所不同。汉语的语体评注状语都在句首，英语的语体评注状语主要在句首，有时可在句中或句末。例如：

She was strictly out of order in adjourning the meeting at that point.

严格地说，她在那种时刻中止会议是不符合规程的。

2．内容评注状语

内容评注状语是表示对讲话的实际内容进行评注的状语。它们有的是对讲话内容的真实程度进行评论。这时英语主要用副词表示，如 certainly，definitely，indeed，surely，undoubtedly，clearly，evidently，obviously，likely，apparently，possibly，actually，really，factually，等等，偶尔用修辞性条件分句表示。汉语常用一些形容词、副词和动词短语表示，常见的有"十分明显""毫无疑问""不可否认""可以肯定""说不准""的确""想必""看来""可能"等。试比较：

Clearly, there has been a mistake / It is clear that there has been a mistake.

很清楚，这里出了差错。

有些内容评注状语是对讲话内容的性质特点等进行评价。例如：

Fortunately, the doctor arrived within a few minutes / It is fortunate that the doctor arrived within a few minutes.

幸亏医生几分钟内就赶到了。

例句显示，英语里这种内容评注状语的表达形式是多样的，副词尤为丰富，除例句中已出现的外，常见的还有 rightly，justly，sensibly，wisely，amazingly，oddly，strangely，unexpectedly，naturally，inevitably，luckily，hopefully，等等；汉语中固定的对应表达形式较少，一般采用另起一句的方式表达。

（三）连接性状语

连接性状语是在两个或多个语言单位之间起连接作用的状语。被连接的语言单位有小有大，小的可以是句内的词或短语，大的可以是句子或段落，其中以连接句子最为普遍。连接性状语的连接作用不是在句法上将相关的语言单位连接起来，而是在语义上表明相关语言单位之间的不同关系，使之构成有机的语义整体。一般而言，连接性状语主要表达事物列举、先后顺序、语义增补、总结概括、因果关系、对比让步、更换话题或表述方式等语义。

英语中连接性状语非常普遍，它们数量多，可由副词介词短语、非限定动词短语和句子等担任，同一种意义往往可用多种方式表达。它们使用频繁，位置比较灵活，可以出现在句首、句中或句末。例如：

You say you took the book without his permission. In other words / That is to say, you stole it.

你说你未经他允许就把书拿走了，换句话说/也就是说，你把书偷走了。

英语的连接性状语可以表达连词的意义，但不起句法连接作用，因而可以与并列连词或从属连词同时使用。例如：

It was snowing, and nonetheless Mona went cycling.

虽然天下着雪，蒙娜还是出去骑自行车了。

汉语中连接性状语比英语少，很多在英语中可用连接性状语表达的意义，在汉语中常常用关联词语来表达。受此语言习惯的影响，以汉语为母语的英语学习者初学时往往难以学好英语的连接性状语。他们要么过多地使用连词，使语言结构显得单调；要么既不使用连词也不使用连接性状语，结果使语句间的语义关系表达不清，影响交际效果。

六、英汉语的定语

（一）前置定语与后置定语

1. 前置定语

前置定语是置于定语中心之前对之起修饰作用的成分。英汉语中都有前置定语，但汉语中的前置定语远比英语普遍。英语的前置定语一般以词为主（包括复合词和带前置修饰语的词）；汉语的前置定语则既有词也有短语和主谓结构。例如：

He is an / a (very) old / twenty-year-old man now.

他现在是一个（很）年老的/20 岁的人了。

值得注意的是，随着英语的发展变化，前置定语的范围正在扩大，以长串的名词短语和短语复合词作前置定语的现象日趋普遍，其特点有向汉语接近的势头。试比较：

The University of California at San Francisco researchers surprised the world by their brilliant achievements.

加利福尼亚大学旧金山分校的研究者们以其辉煌的成就让世人感到惊讶。

2. 后置定语

后置定语是置于定语中心之后对之起修饰作用的成分。英语中后置定语非常普遍，作后置定语的既有词也有短语和分句。汉语中后置定语很少见，只限于少量数量短语和带"的"字的短语。后置定语分强制性和非强制性两种。英语既有强制性后置定语又有非强制性后置定语，汉语只有非强制性后置定语。

（1）强制性后置定语

强制性后置定语是指必须后置的定语。这种强制性首先来自句法结构的要求。有以下几种情况：

① 分句作定语通常要后置。英语中作定语的分句称为定语分句，一共有

3 种。第一种是限定性定语分句，用于对先行词的语义加以限定；第二种是非限定性定语分句，用于对先行词作补充说明；第三种是特殊非限定性定语分句，即以句子或动词短语等作先行成分的非限定性定语分句，用于对先行成分的内容表示评注或指明先行成分所述情况所产生的结果。前两种定语分句必须后置，第三种定语分句有时可以前置。试比较：

He won't wear any clothes which will make him different from others.

他不愿意穿任何会使他显得与众不同的衣服。

以上的例句是一个笑话，但它足以说明 3 种定语分句在语义上的重大差别。

② 短语作定语要后置。这里的短语指介词短语、非限定动词短语、形容词＋补足成分（含介词短语、不定式短语和比较分句等）构成的短语和名词＋形容词构成的度量短语。例如：

The picture on the wall is very beautiful.

墙上的画非常漂亮。

③ 以 a-开头的表语形容词作定语要后置。试比较：

People rushed to the house (that was) ablaze from all directions.

People rushed to the blazing house from all directions.

人们从四面八方朝着火的房子冲去。

④ 修饰由限定词（some / any / no / every）＋名/代词（thing / body / one）构成的复合词的定语要后置。试比较：

He always has something pleasant to say to us.

He always has some pleasant things to say to us.

他总有些愉快的事情对我们说。

如前所述，当代英语中前置定语的范围在扩大。这一发展带来的变化之一就是，一些原来需要强制性后置的定语现在已开始用作前置定语。如表示方位的副词（here 和 there 除外）、与最高级形容词搭配使用表示比较范围的形容词以及一些外来形容词（固定搭配除外）等即是如此。例如：

The rooms upstairs / The upstairs rooms are already full of people.

楼上的房间里已经挤满了人。

英语的强制性后置定语有时是语义表达的需要。如有些形容词作前置定语与作后置定语语义不同，因而需对其位置做出选择，以表达相应的意义。试比较：

There with Marlow's signature the letter proper ended.

签上马洛的名字之后，信的正文就结束了。

（2）非强制性后置定语

非强制性后置定语不是受句法结构和语义表达要求必须后置的定语，而是为达到某种修辞效果而由前置转为后置的定语，因而是一种修辞性后置定语。英汉语都有这种后置定语，且修辞目的大体相同，即一为强调，二为补充说明。但使用的场合和具体内容不同。英语的非强制性后置定语限于两个或多个说明性质状态的并列形容词。例如：

People with steadfastness never bow before difficulties great or small.

意志坚定的人决不会在困难面前低头，无论困难是大是小。

汉语的非强制性后置定语主要有 2 种：说明属性或状态的"的"字短语和说明数量的数量短语。例如：

这是办公大楼，他们学校的。

This is the office building of their school.

从以上不同例句的对比中可以看出，英语的后置定语在汉语中大多用前置定语表示，或作其他处理；与此相同，汉语的后置定语在英语中一般也用前置定语表示。

（二）限定定语、描写定语与分类定语

1. 限定定语

限定定语是对定语中心所代表的人或事物起限定作用的定语。它们有些对定语中心起特指、泛指、定量或不定量等限定作用，可称为表指定的限定定语；有些对定语中心的时空等范围起限定作用，可称为表范围的限定定语。

（1）表指定的限定定语

英汉语都有这类定语。英语中用作这类定语的词叫限定词，包括冠词、形容词性物主代词和指示代词、名词、数词和量词等。汉语中用作这类定语的词包括领属代/名词、指示代词和数量词等，姑且也称作限定词。汉语中没有冠词，英语定冠词和不定冠词的意义在汉语中分别用指示代词和数量词"一（个）"表示。无论是英语还是汉语，表指定的限定定语均出现在定语中心之前，几个限定词同时出现时均需按照一定的顺序排列，通常的顺序是"前位—中位—后位"。据此，英语的限定词分为：

① 前位限定词，如 all，both，half；double，twice，three times；one-third，two-fifths。

② 中位限定词，如 a / an，the，this，that，these，those；my，your，his；Mary's，the teacher's；some，any，no，every，each，either，neither，enough，much；what (ever)，which (ever)，whose。

③ 后位限定词，如 one，two；first，second；many，little，few，several，more，less；last，next，other，another，such。

汉语限定词也可分为 3 类：

① 前位限定词：领属代/名词。

② 中位限定词：指示代词。

③ 后位限定词：数量词。

分类显示，两种语言中前位限定词不同，英语是定量量词，汉语是领属词。故此，两种语言在表达相同的概念时限定词的排列顺序就有不同。试比较：

Both your brothers are here.

你的两个兄弟都在这儿。

英语中限定词之间的相对位置比较固定，例外情况很少，常见的只有 many a 和 such a 等固定搭配。汉语中限定词之间的相对位置没有英语那么固定，有些中位限定词和/或后位限定词可有两种排列顺序。试比较：

all the three books / the all three books

那所有的 3 本书/所有那 3 本书

（2）表范围的限定定语

英汉语也都有表范围的限定定语，不同在于英语中这类定语通常后置；汉语中它们则需要前置。试比较：

People who won't see are the most blind in the world.

视而不见的人是世界上最盲的人。

2. 描写定语

描写定语是对定语中心所代表的人或事物起主观描写作用的定语，通常由主观形容词（表示说话人主观看法的形容词）充任。几个描写定语同时出现时，它们在句法上一般呈并列关系。此时英语往往按"先短后长"的原则安排其顺序；汉语则较灵活，有时根据"先短后长"原则安排顺序，有时根据读音的音韵节律安排顺序。

3. 分类定语

分类定语是对定语中心所代表的人或事物起客观分类作用的定语，通常由客观形容词（含起形容词作用的名词、分词等）充任。客观形容词表示人或事物内在与本质的特征，如"大小""形状""新旧""年龄""颜色""来源""原料""用途"等，并根据这些特征将人或事物分成不同的类别。分类定语一般为前置定语。有时几个分类定语同时出现，对定语中心进行多重分类。这时它们在句法上呈多重修饰关系，在英语中它们不能用逗号分开，也不能由并列连词连接，在汉语中通常也是如此，但有时为考虑音韵节律，可用顿号分开，或使用关联词语。在一般情况下，英汉语多重分类定语的排列顺序如表 4-3-2 所示。

表 4-3-2 英汉语多重分类定语的排列顺序

英语	大小（1）	形状（2）	新旧（3）	颜色（4）	来源（5）	原料（6）	用途（7）	定语中心
汉语	新旧（1）	来源（2）	大小（3）	颜色（4）	形状（5）	原料（6）	用途（7）	定语中心

如表 4-3-2 所示，英汉语有一个共同的特点，表示最本质特征和固定分类的定语都紧靠定语中心，其他特征的位置则因视角不同而存在差异，最大

的差异是表示"新旧""来源"特征的形容词的位置不同。试比较：

Twenty African wood carvings were donated to the Museum.

20 件非洲木（质）雕（刻）作品捐给了博物馆。

但各特征之间的相对位置不是绝对的，它们要受固定或语境性分类组合关系的制约，在汉语中有时还要受音韵节律关系的制约。试比较：

a Chinese red flag / a red Chinese flag

一面中国红旗/一面红色的中国旗

（三）定语的排列顺序

前面已对英汉语中不同种类的定语的内部顺序进行了对比，这里对比各种定语在句中的排列顺序。在通常情况下它们的排列顺序如表 4-3-3 所示。

表 4-3-3　英汉语各种定语在句中的排列顺序

英语	指定限定定语（1）	描写定语（2）	分类定语（3）	定语中心	范围限定定语（4）
汉语	指定限定定语（1）	范围限定定语（2）	描写定语（3）	分类定语（4）	定语中心

从表中可以看出，范围限定定语在两种语言中的位置差别很大，而其他定语的排列顺序则都相同。当然，表中各种定语的排列顺序在两种语言中的固定程度是不相同的，在英语中它们基本趋于固定，在汉语中范围限定定语与指定限定定语有时可以换位。试比较：

They have taken away the last three comfortable wooden chairs.

他们已经把那最后 3 把舒适的木头椅子搬走了。

第四节　英汉基本句型对比

一、英汉语的基本句型

英汉语的句子（完形句，下同）的两大组成部分一是主语，二是谓语。与主语相比，谓语在这两个部分中更加重要，一是谓语是整个句子的信息中心，二是谓语决定着句子的变化和句型。英汉语的句子非常多，如果从谓语的句法特点角度入手，可以发现它们各自的基本句型是有限的。

（一）英语的基本句型

英语句子中的谓语是动词性的谓语，主要构成是动词或者动词加补足成分。从动词的句法特点出发，英语主要可以划分为七个基本的句型，具体如下。

1. SV 句型

SV 句型中的谓语动词是完全不及物动词，可以单独作谓语进行使用。例如：

Gold glitters.

金子可以发光。

2. SVC 句型

SVC 句型中的谓语动词为连系动词，主要是接主语补语，作补足成分，例如：

Children are happy.

孩子们幸福快乐。

3. SVO 句型

SVO 句型中的谓语动词是简单及物动词，接宾语可以构成完整的句子，例句如下：

Bad workmen blame their tools.

自己笨，怪刀钝。

4. SVOO 句型

SVOO 句型中的谓语动词主要是双重及物动词，后边需要接间接宾语与直接宾语，主要充当补足成分，例如：

The husband bought his wife a new dress.

丈夫给妻子买了一件新的衣服。

5. SVOC 句型

SVOC 句型中的谓语动词为宾补性复杂及物动词，后边需要接宾语＋宾语补语结构来作补足成分，具体例子如下：

They named their son Jack.

他们给儿子取名杰克。

6. SVOA 句型

SVOA 句型中的谓语动词为动补性复杂及物动词，后边需要接宾语和动词补语作补足成分，动词补语主要是补充说明动词的状语，具体例子如下：

Fate has treated him pretty roughly.

命运待他极为不公。

7. SVA 句型

SVA 句型中的谓语动词为不完全不及物动词，后边需要接动词补语作补足成分，具体例子如下：

The building stood for many years.

那座建筑物历经多年未倒。

以上这些句型都非常简单，这就像大树的树干，随着不断增加的枝叶变成茂密的大树。

（二）汉语的基本句型

相对于英语来说，汉语的基本句型比较复杂。主要原因在于汉语句子中不仅包含动词性的谓语还包含其他词性的谓语，比如名词性谓语、形容词性谓语、主谓性谓语。按照谓语的特性进行命名，可以将汉语句子命名为动词谓语句、名词谓语句、形容词谓语句和主谓谓语句。

1. 动词谓语句

从宏观角度来看，这种类型的句子与英语句子非常相似，在汉语当中，也有与英语的七个基本句型相对应的动词句型，具体例子如下。

（1）"主谓"句型（SV）

大家笑了。

Everybody laughed.

（2）"主系补"句型（SVC）

解放区的天是明朗的天。

The sky over the liberated area is bright.

（3）"主谓宾"句型（SVO）

暴风雨毁了许多房屋。

The storm destroyed many houses.

（4）"主谓宾宾"句型（SVOO）

他给她一条金项链。

He gave her a gold necklace.

（5）"主谓宾补"句型（SVOC）

汉语语法中称为兼语式作谓语。

敌人逼他招供。

The enemy forced him to confess.

（6）"主谓宾状"句型（SVOA）

他们待我很友好。

They treated me very kindly.

（7）"主谓状"句型（SVA）

汉语语法中把动词后的状语称作补语。

我们长在红旗下。

We've grown up under the red flag.

我们所提到的汉语有与英语基本句型对应的动词句型，这并不是说在两种语言中，这些句型是完全可以对应的。不同的民族有着不同的思维习惯，汉英民族也是如此，这种不同的思想反映到语言中就会出现不同的表达方式。这就造成汉语与英语基本句型有时候对应，有时候不对应。我们可以从 SVOC 句型与"主谓宾补"句型内动词的对应情况中看出。

英语 SVOC 句型中的宾补性复杂及物动词共有四大类，汉语"主谓宾补"句型中动词与它们的对应情况具体如下。

（1）使役性复杂及物动词。在汉语中与之相对应的动词：

They made him work day and night.

他们迫使他夜以继日地干活。

（2）感知性复杂及物动词。汉语中也有对应动词：

We watched the children play games.

我们观看孩子们玩游戏。

（3）定义性复杂及物动词。汉语与英语基本对应：

They crowned him (as) king.

他们封他（为）国王。

（4）结果性复杂及物动词。英语和汉语有时候是对应的，有时候需要对补语的位置进行调整，或者使用"把"字句：

They beat him black and blue.

他们打得他青一块紫一块/他们将他打得青一块紫一块。

在汉语中，不仅包含与英语相类似的七个基本句型的动词谓语句，还包含"主语+连动式"句型。具体例子如下。

① 他躺着看书。

② 我们打完球洗澡。

③ 你去排队买票看电影消磨时间。

在英语中，只有几个不正规的句子，例如 Let's go see him play 和 Let's go help him do it.其他的并没有与汉语中这种句子相类似的句型。在英语中，连续出现的动词应该根据功能和意义说成不同的状语或并列谓语。上文中的三句汉语可以译为以下英语句子：

① He was / is lying in bed reading.

② We'll take a bath after we've played basketball.

③ To kill time, you can go and line up and buy a ticket and see a film / You can kill time by going to the cinema, lining up, buying a ticket and seeing a film.

2. 名词谓语句

名词谓语句这种类型的句子有时候非常接近英语的 SVC 句型，有时候非常接近英语的 SVO 句型或者其他句型，例如：

这孩子才 8 个月。

This baby is only eight months old.

3. 形容词谓语句

形容词谓语句这种类型的句子相当于英语的 SVC 句型，例如：

她的嗓子真甜。

Her voice is really sweet / She has a really sweet voice.

4. 主谓谓语句

主谓谓语句这种类型的句子通过不同类型的主谓短语作谓语，按照这个划分为很多更细的类别。汉语中的这个句型在英语中很难找到相类似的或者较为固定的句型与之对应，可以根据不同的情况选择不同的句型来进行表达。

（1）"大主语 +（小主语 + 动词谓语）"型主谓谓语句（SSVP）：

他个子长得很快，智力发育也很快。

He grows very fast in both stature and intelligence.

（2）"大主语 +（小主语 + 名词谓语）"型主谓谓语句（SSNP）：

西瓜一公斤 6 毛钱。

Water melon is six jiao a kilogram.

（3）"大主语 +（小主语 + 形容词谓语）"型主谓谓语句（SSAP）：

他身体健康。

He is healthy / is in good health.

二、英汉语基本句型的语序

英汉语句型的语序主要是静态语序和动态语序这两种。在静止状态下的语序就是静态语序；句子处于运动状态下的语序就是动态语序。

（一）顺装语序

通常来说，当句子用作一般性陈述进行表达的时候和表达最一般的、不附带语境意义的语义的时候，此时的句子就属于静止状态。在这样的状态下的英汉语基本句型的语序基本上是相对稳定的——前面是主语，后边是谓语动词以及补足成分，呈现出这种语序的句子一般被称为顺装句，在英汉语句子的主体就是顺装句，具体例子如下：

Silence is golden.

沉默是金。

从语序上来看，英汉语在静止状态下是大体相同的，最大的区别在于直接宾语和间接宾语的位置。在英语中，间接宾语一般是在直接宾语前面，也会根据实际的情况进行调整，由介词引导出现在直接宾语之后，只有在少数几个动词如 allow，refuse，fine，wish 等之后除外，举例如下。

（1）Please hand me the dictionary.

（2）Please hand the dictionary to me.

（3）请把词典递给我。

在汉语中，一般来说，间接宾语在直接宾语前面，但是它由介词（主要是"给"）引导出现在直接宾语后的情况非常少见，大部分是出现在动词之前由"给"引导，也可以将句子变为"把"字句，具体例子如下。

（1）周桐送了我一本诗集。

（2）周桐送了一本诗集给我。

（3）周桐给我送了一本诗集。

（4）周桐把一本诗集送给了我。

（5）Zhou Tong gave me a poetry anthology.

（二）主谓倒装

当英汉语句子用于表达特定的语用目的或意义时，不是用于一般性的陈述时，句子处于运动的状态，这时候的英汉语的基本句型的语序相对来说是不固定的。这种运动的状态可以有两种情况：一是主谓倒装，二是宾语前置。主谓倒装主要指的是谓语中的谓语动词全部出现在主语之前或者部分出现在主语之前的语言现象。句子呈现出这样的语序被称为倒装句，有全部倒装和部分倒装：如果谓语和谓语动词全部出现在主语之前，这就是全部倒装；如果谓语动词有一部分出现在主语之前，这就是部分倒装。不管是在英语还是汉语中，主谓倒装这种语言现象一直存在，可以分为句法倒装和修辞倒装两种。

1. 句法倒装

句法倒装是一种强制性的倒装，为了表达特定的语义才构成的特点的句式。在英语中，句法倒装句式主要有以下几种。

（1）疑问句。为了对不同疑问进行表达而构成的句式，具体例子如下：

Is the man still alive?

那人还活着吗？

在英语中，疑问句不使用倒装句式的有两种情况。一种是特殊疑问句，疑问词作主语或者修饰语，比如：

Who invented the steam engine?

谁发明了蒸汽机？

另外一种是怀疑式疑问句，主要的构成是陈述句＋问号，从语义上来看，与倒装的一般疑问句有所不同，主要是对所陈述的事实表现出怀疑的态度，可以从以下例子中进行比较。

He is a professor?（他是个教授？）

Is he a professor?（他是教授吗？）

（2）祈愿句。为表达祈愿而构成的句式。例如：

Long live the People's Republic of China!

中华人民共和国万岁！

（3）虚拟条件句。通常来说虚拟条件一般通过 if 引导分句进行表达，在正式的文体中可以对 if 后进行省略，构成倒装句来进行表达，举例如下：

Were he here now, he would be happy too.

他若在此也会很高兴的。

（4）让步句。让步意义一般由 though，even though，no matter 等连词引导分句表达，但是在正式文体中可以省略连词来构成倒装句进行表达，例如。

Come what may, we will carry it through to the end.

不管发生什么情况，我们决心将此事进行到底。

（5）附和句。为表达对别人或自己话语的附和而构成的句式。例如：

"He is strong." "So is his brother."

"他很强壮。" "他弟弟也很强壮。"

（6）存现句。为了引出存在物（主语）这一新信息而构成的句式。例如：

There are seven continents in the world.

世界上有 7 大洲。

相比较英语，汉语的句法倒装句也有，但是没有那么普遍。在汉语中只有一种句法倒装句——存现句，例如：

台上坐着主席团。

Sitting on the rostrum are the presidium.

在汉语中，存现倒装也是一种强制性倒装，是一种特殊句式，主要是为了引出存在物这一新信息而构成的句式。可以比较以下几个句子：

①"台上坐着什么人？""台上坐着主席团。"（倒装）

②"主席团坐在哪儿？""主席团坐在台上。"（不倒装）

③"主席团坐在哪儿？""台上坐着主席团。"

④"台上坐着什么人？""主席团坐在台上。"

2. 修辞倒装

修辞倒装是一种非强制性的倒装，主要的目的是通过对语序进行调整，来达到不同的修辞效果。在英语中有一些较为常见的修辞倒装句式，具体如下。

（1）强调句。为强调某些句子成分，可将其由通常较为靠后的位置提至句首。这种情况往往引起主谓倒装。例如：

So kind is the man that he is loved by all.（强调表语）

那人如此善良，人人爱他有加。

（2）描写句。为对事件进行生动描写，可将引人入胜的句子成分提至句首。这时往往出现主谓倒装。例如：

Rap, rap, rap, came the knocks on the door.（描写声音）

咚、咚、咚，传来几声敲门声。

（3）平衡句。主语较长时，为保持句子结构平衡，避免头重脚轻，常采用主谓倒装句式。例如：

Here belong also verbs that are converted from adjectives.

归属这里的还有形容词转变而来的动词。

（4）衔接句。为使语句之间前后连贯，后句常用主谓倒装句式与前句衔接。例如：

"That's natural," said the man.

"这很自然，"那人说道。

（5）对比句。为了使概念更加突出，会在比较和方式分句中会出现主谓倒装。例如：

We live a much better life than did the people in the past.

比起前人，我们的生活好多了。

在汉语中也包含修辞倒装句，但与英语相比，汉语中的普遍程度并不高。在汉语中最为常见的就是表示强调的修辞倒装句，举例如下：

真伟大啊，中国人民！（强调感叹）

How great the Chinese people are!

（三）宾语前置

如果宾语出现在所属动词之前，我们对这种语言现象称为宾语前置。宾语前置有两种：一是远距离前置，主要指的是将宾语放到句子的主语前面；二是近距离前置，主要指的是宾语直接置于所属动词之前。

英汉语中都会出现宾语前置的语言现象，但有所不同的是两者的前置程度是不同的。在英语中，宾语前置一般为远距离前置；在汉语中，宾语前置有远距离前置也有近距离前置。就宾语前置来说也分为句法前置和修辞前置两种，其中，句法前置是强制性的，后者是非强制性的。

1. 句法前置

为了表达特定的意义，构成特定的句式，按照语法规则要求将宾语前置。

在英语中，以上这些情况一般会出现在宾语是问代词、关系代词、连接代词或者是被这些代词修饰的句子中，具体例子如下：

What (work) did he do then?

那时他做什么（工作）？

在英语中，宾语为感叹对象的句子中也会出现宾语的句法前置。

（1）What an interesting game we're watching!

（2）How interesting a game we're watching!

（3）我们正在观看多么有趣的比赛！

在汉语中，宾语的句法前置一般会出现在强调句式中，比如，包含"一点……也不……""什么……都……"这类结构的强调句式中，举例如下。

什么事他都做/他什么事都做。

He does everything, no matter what it is.

上述汉语中的宾语前置是句法前置，是一种强制性的前置，主要是为了表达特定的意义，为了构成特定的句式。只有宾语前置才能构成完整的句子或者表达出完全不一样的意义。

2. 修辞前置

在英语中，宾语的修辞前置主要的修辞目的是强调宾语和对比宾语，举例来说：

Nothing else did he say.

什么话他也没再说。

在汉语中，宾语的修辞前置与英语中的修辞前置有着相同的目的，因而，在英汉两种语言中，这类句子可以对译，上文中的英译汉就是这样的，接下来所举的例子汉译英也是这样的，例如：

将来的形势会怎样，谁也说不准。

How the situation in the future will be, nobody can tell for sure.

我们需要明确的是，在汉语中，宾语有近距离前置还有远距离前置两种情况。如果这两种前置的原因都是因为修辞目的，那么它们会有不同的对比含义，可以用于不同的语境条件。在英语中，宾语前置只有远距离前置，因此，在有些情况下不能与汉语句子进行对译。

第五节　英汉句子结构对比

一、形合与意合

英语传承古希腊文的传统，对句子的逻辑连贯性有着非常严格和规范的要求。在希腊文的传统中，词语的逻辑顺序和思维的逻辑形体是默契一致的。古代希腊出了很多的著名的演说家和逻辑学家，像苏格拉底、亚里士多德、柏拉图、安缇芬、安多西德等，他们都是最为雄辩、最为杰出、最负盛名的口才家，他们在演说和辩论的过程中，养成了严密的语言思维和强大的逻辑能力，能在语言的细微之处找到别人表达上的疏漏，从而在语言辩论中战胜对方。所以，在英语的句子逻辑结构中，他们用清晰合理的词法和句法来表达他们清晰合理的思维内容。在杂乱无章的语言表达中，一个人的思维逻辑肯定也是紊乱的，而杂乱无章的语言表达是没有意义的。在这样的逻辑背景下，英语特别注重句子之间的形合，通过词语、逻辑关系来排列形式完全吻合的句子，从而充分表达说话者的逻辑思维。而在汉语中，我们的逻辑学研究出现得就比较晚，我们的表达习惯也是注重直觉的感受，强调表达中的意念交流，认为只要能够充分表达我们的思想就可以了，词语和句子的形式是次要的。我们汉语中词语之间的关系，甚至句子之间的关系，都是隐藏在它们所表达的意群之中，隐藏在字里行间的。一些古代中国学者认为我们只要把所想表达的意思充分表达出来即可，可以不用注重其中的表达形式。

在语言的逻辑关联中，句子内部或句子之间的连接关系一般采用三种方式：句法手段、词汇手段和语义手段。前两种注重语法的手段，我们一般称为形合（hypotaxis），第三种是通过相关的句子含义来进行逻辑关系连接的手段，我们一般称为意合（parataxis）。英语句子结构非常注重句子之间的形合，句子之间的关联词用得比较多，其中使用联系、副词分析语法结构等方式对句子之间的逻辑进行弥合，让整段话、整个意群包含在一个统一的逻辑结构中，从而使表达充分和严密；而汉语句法结构比较注重意合，句子主要通过它们之间的含义互补关系进行连接，同时也通过词语语义、语境进行相应的贯通和衬托，和英语相比关联词用得确实是少得多。

（1）As the weather was fine, we decided to climb the mountain.

译文：当时天气很好，我们决定去爬山。

（2）If the winter comes, can spring be far behind?

译文：冬天来了，春天还会远吗？

（3）屡败屡战。

译文：We fought over and over again though we were repeatedly defeated.

（4）男孩吃过早饭上学去了。

译文：The boy had his breakfast and went off to school.

由于英语句子在逻辑结构上注重形合，而汉语句子注重意合，因此它们在语言结构上有很大的不同。在英文的句子中，由于有很多关联词和介词的连接，所以很多词语带有很多的从句和分词，对先行词进行解释和说明，从而显得句子长而复杂。这些复杂的意群结构通过逻辑结构进行弥合，从而组成一个很复杂的句子，整个句子从结构上看像树干一样，一个主句上生出很多的从句结构，所以英语句子也被称为树状结构的句子。而在汉语句子中，一般按照事件的时间结构、空间结构或逻辑结构逐渐展开，层层递进，节节向前延伸，所以汉语的句子结构也被称为竹状结构。

二、多枝共干与板块式结构

在主要的逻辑思维支配下，英语句子十分重视句子的形式和结构的完整性，一个复杂的句子通常主语保持不变，为了充分表达其中的旁支含义，就会出现很多的从句结构。在汉语中，我们通常使用言简意赅的短句去表达复杂的事情，主语也是不那么固定；如果一个短句意群不能将意义充分表达出来，我们会进行下一个短句意群的表达。这也是我们很多人在英语的阅读理解和翻译中，掌握不了英文句子主要结构的原因，有时把句子的枝节错当成了句子的主干，就造成了理解和翻译中的错误。有时我们在阅读翻译的著作时，也会发现文中有很多英语的句子结构，这些句子让读者不易理解和接受，造成阅读困难，也使译文失去了可接受性和艺术性。

（1）It is easy to think to oneself that one's emotions used to be more vivid than they are, and one's mind more keen.

译文：人们往往会对自己说，我过去感情多么丰富、思维多么敏捷，现在不行了。

（2）Although during his three years in Egypt, Froster became sufficiently interested in the country to write a guidebook to Alexandria, a pamphlet for the Labor Research Department, and some thirty miscellaneous pieces of Egyptian topics, India was by no means forgotten; indeed, to some extent his experiences of the two countries reinforced each other.

译文：在埃及的那三年，弗罗斯特对整个国家相当感兴趣，写了一本在亚历山大旅行的指南，一本为劳工研究所编写的小册子，以及30多篇以埃及为主题的不同性质的文章。但他却丝毫未曾忘记印度。在某种程度上，他在这两个国家的经历的确互相影响并加深了他的感受。

两个例子的原文和相关汉语译文充分说明了英语句子的树状结构，以及汉语句子的竹状结构。

汉语书面语开始于宋元以来的白话文文学著作，脱胎于博大精深的古典汉语，绵延近一千年的历史，在漫长的历史演变中形成了独具特色的句子结构模式和发展程式。汉语句子可以不用动词，也可以不用主语，表现出很强的灵活性和自由性。在发展程式上，汉语的一个短语在一定的语境下是一个完整的句子，但在另一个语境下就是短语，成为一个完整句子的一个成分，其中没有发生任何形式的曲折变化。现代汉语继承了古代汉语的精髓，可以由很多词组构成很多长短不一的句子成分，再由这些句子成分组成形式上松散但含义上不可分割的完整句子。这些句子看似松散，实为含义紧密的流水语段。

而英语常规的句子都有一个稳定的结构，一般就是 SV 构成的框架机制。不管英语句子多么复杂多变，在去除相关的从句、修饰语、补充结构等之后，主句还是一个 SV 的结构框架，可辨认性也比较强。英文句子讲究形式上的连接、成分上的齐全、逻辑结构上的严谨等，和汉语的简洁、自由、松散形成了鲜明的对比。

三、前置与后置

在英汉句子基本特征对比分析方面，汉语的句子具有自由松散的特性，在框架上不必以 SV 为基本结构；同时，由于词语没有曲折结构，所以主语和谓语动词之间没有数和时态的一致性。在句子形式中，汉语句子的组合也是非常灵活的，句子之间根据逻辑结构，可以组成长短不一的句子意群结构。意群结构实际上是汉语短语和句子根据逻辑关系的组合，在意群中，词组和句子的逻辑关系常常是隐含的，它们之间是语义结构上的逻辑对接或集聚。在句子含义结构上，汉语句子开头的含义一般是开放的，结尾的含义一般是收缩的，因为在话语中，后置修饰的现象较少。

在句子成分的分析方面，汉语句子成分缺乏明显的标记，成分之间主要靠语序或含义来区分，因而在汉语中，句子产生歧义的现象比较多。在汉语复合句中，主句和从句之间的连接关系除了使用一些关联词进行形合连接外，还采取意合的手段，形成了形合和意合的结合模式。对于汉语句子状语从句，从句一般是前置于主句，后置于主句的现象较少，这些状语从句包括原因、时间、条件、方式、让步、目的等逻辑关系。

在英语句子中，SV 结构对句子具有极大的限制和规范作用，主语和谓语动词之间存在着严格的数和时态的一致关系，表现出了英语表达的严密性和规范性。在句子结构上，英语句子表现出了很强的程式化结构特征，单词和整个句子的关系在形式上是很容易辨析的，逻辑关系呈现一定的外显性特征。英语句子有着很强的逻辑结构，不允许有松散的句子结构，即使是在口语表达中，也有很规范的要求。在句子的语义和语法方面，其语义结构和语法结构有着一定的统一性和规范性。在句子含义重心方面，英语句子一般开头意义是封闭的，尾部含义是延伸的，所以英语句子表达的重心一般放在句子的尾部，下一个句子的表达语义的核心一般以上一句尾部含义重心为起点，这种现象的出现和英语中修饰语后置的特点相关。

第五章　英汉修辞对比

作为一种语言现象，修辞是在人类使用语言的过程中产生和发展的，换句话说，人类有了语言就慢慢有了修辞。因为人类在相互交往中，要准确无误地传递信息、生动真切地表情达意，就必须充分利用和发挥各种语言因素的作用，就要选择语言手段，于是就产生了修辞。人在与自然的相互作用中，产生了语言，又在使用语言的过程中创造了修辞。因而，伴随着人类语言的发展，修辞现象也在不断地发展，这也成为人类语言不断完善、成熟、准确的重要标准，不管是汉语还是英语都是这样。本章是英汉修辞对比，从英汉修辞对比概述、英汉音韵修辞对比、英汉词义修辞对比、英汉句法修辞对比几方面展开了论述。

第一节　英汉修辞对比概述

一、英汉修辞学发展史线索

（一）汉语修辞学及其发展史简述

什么是修辞？"修辞"两字的连用，最早见于《易·文言》："君子进德修业。忠信，所以进德也。"显然，当时的修辞和我们现在的概念不同。根据陈望道的《修辞学发凡》来看"大体可分为广狭两义：甲、狭义，认为修当作修饰解，辞当作文辞解，修辞就是修饰文辞；乙、广义，认为修当作调整适用解，辞当语辞解，修辞就是调整或适用语辞"。近些年，对于修辞现象的理解，国内的汉语修辞专著已经逐渐一致，一般认为，为了鲜明、准确表达思想情感，选用恰当的语言材料，使用各种表达手段。1991年谭永祥的《汉语修辞美学》对此又有了新的提法，他认为"修辞是理性、情感丰富甚至超载的言语现象，也称修辞现象"。提法虽然不同，含义却相差无几。

谈及修辞，人们易于把它与"修辞学"等同起来，实际上，它们是两个不同的概念。什么是"修辞学"？徐梗生《修辞学教程》一书认为"所谓修辞学，实即研究如何修饰文辞，使能充分地、美妙地发挥作者情境的一种技术"。王希杰《汉语修辞学》认为修辞学是"研究提高语言表达效果的规律的科学"。修辞学是语言学的重要分支，主要目的在于根据情景表达思想情感，主要通过对各种语言文字资料进行运用，借助表现手法来传达情感。而修辞，指的是修辞手段或修辞现象。它是修辞学中的一个分支，是讲词句艺术加工的法则。它在修辞学中占有重要位置。

根据郑子瑜《中国修辞学史稿》一书，汉语修辞学的发展历史分为8个时期。第一个时期——先秦，是修辞思想的萌芽期；第二个时期——两汉，是修辞思想的成熟期；第三个时期——魏晋、南北朝，是修辞学的发展期；第四个时期——隋唐、五代，是修辞发展的延续期；第五个时期——宋、金元，是修辞学发展的再延续期；第六个时期——明代，是修辞学的崇古期（上）；第七个时期——清代，是修辞学的崇古期（下）；第八个时期——现代，是修辞学的革新期。

先秦是修辞思想的萌芽时代，《风无正》中的"巧言如流"、《巧言》中的"巧言如簧"等，可以说是最早的修辞论；《孟子·万章》篇虽说也提到了《诗经》的夸饰辞句，但对修辞学还没有具体概念。

两汉之所以称修辞思想的成熟期，是因为东汉王充的《论衡》一书就有许多地方批驳那些华而不实的修辞，思想立场十分明确。西汉初期的辞赋家政论家贾谊《陈政事疏》在提到讳饰的修辞法时，也清楚地表达了自己的观点。

魏晋南北朝称为修辞学的发展期，是因为修辞与文体结合论的崛起。代表作有曹丕的《典论论文》，第一次谈论到各种不同的文体要有各种不同的修辞标准。陆机的《文赋》、刘勰的《文心雕龙》纵论修辞与文体的关系。还有沈约的《谢灵运传论》与刘子显的《文学论传》等列举了各家修辞技巧。

隋唐时期是积极修辞（辞格）论的形成期。代表作有皎然的《诗式》、司空图的《诗品》，都有对辞格较多的论述。白居易的《与元九书》也精辟地论述了辞格，而且还有详举例证。所以，这一阶段称为修辞学发展延续期。

宋金元代是修辞学发展的再延续期，即消极修辞论与积极修辞论的完成期。

明清两代是修辞学的复古期。所谓复古，就是主文派盛行。如方孝孺、宋濂等主文辞而轻语辞，想提倡文辞、利用修辞的古说来规范当时或后来的修辞学。

修辞学的革新期一般以"五四运动"为标志。唐钺的《修辞格》当时虽风行一时，但直到后来陈望道的《修辞学发凡》才真正采用科学的方法，彻底革新了中国的修辞学。这一时期之所以为革新期是因为从此汉语修辞不仅是"古为今用"，而且开始了"洋为中用"，模拟西方的修辞论，使中国的修辞学出现一个新的面貌，修辞学也逐渐发展成了有科学系统的修辞论。

20 世纪 80 年代始，汉语修辞学迎来了一个繁荣的阶段，不管是宏观层面的研究还是微观层面的研究都取得了很多的进展。在各个领域中，运用语言的方式也有所创新。过去一些未引起人们注意的修辞现象被纳入了辞格，例如成伟钧为首的《修辞通鉴》、唐松波为首的《汉语修辞格大辞典》、谭永祥的《汉语修辞美学》等都纳入了不少新的修辞格。这些专著对广袤浩瀚的汉语修辞现象进行了符合科学规律的总结，充分反映出我国修辞学同文学、美学、心理学、文章学、逻辑学等相关学科的联系，代表了汉语修辞学在语言新阶段的一种发展趋势。

汉语修辞研究的历史源远流长。随着国际交往的扩大，对语言表达功能的讲究和要求会不断扩大，还会不断另辟新境、另创新例、另立新解。

（二）英汉修辞史的发展异同

在英汉修辞史的发展比较中，明显的相同点是，英汉修辞学都是话语受社会和文化环境制约的功能结构，都包括语言的选择手段，都经历了形成和发展的过程。西方古代修辞学在其古典时期就已初步形成其雏形，而中国古代修辞学却经历过从萌芽到成熟，从含糊到清楚的过程。英语现代修辞学，特别是 20 世纪英语修辞学的特点是其内容拓宽加深了，这使得它成为将语言作为社会行为的理论，同时也成为一种将目的和解释作为意义的决定性因素理论。这一理论发展的主要依据是：辩论产生了知识，通过话语将思想和理论传播出去，扩大影响范围。这也就是说，修辞学已经成为一门可以有效使用话语的、具有综合性的语言理论。而 20 世纪汉语修辞学，随着陈望道《修辞学发凡》的问世，标志着这一科学理论体系的建立，汉语修辞学也随即进入初步繁荣和全面发展阶段。主要表现在：（1）综合性与专题回顾研究的深入；（2）多角度地开拓修辞的研究领域；（3）在研究态度和方法上，注意汲取古今中外的成果，汲取创新学科的成果。

二、英汉修辞格的范围和归类

（一）英汉修辞学范围比较

一般来说，修辞学的任务是为了表达语言的最佳效果，在对语言的艺术加工中，去寻找一些系统、规律性的东西。如果这是修辞学的任务，那么，其范围也就确定了。王希杰《汉语修辞学》认为：“汉语修辞学的研究范围有过宽过狭两种倾向。过宽者把说和写的合作过程全部纳入修辞学，主张以作文的全过程纳入修辞范围、把修辞学和文章作法等同起来。”这一点恐怕主要是“洋为中用”的结果。“过狭者，就是用修辞格代替整个修辞学。”[①]这两种倾向都是不妥的。可综合起来却也略知汉语修辞范围一二了。

---

① 王希杰著. 汉语修辞学［M］. 北京：北京出版社，1983.12.

而英语从西塞罗的时代起到 19 世纪，修辞所涉及的内容都不外乎是亚里士多德在古典时期所规定的东西。即照逻辑顺序所规定的 5 个阶段：觅材取材（invention）—布局谋篇（arrangement）—文体风格（style）—记忆（memory）—演说技巧（delivery）。现代英语修辞学也分为广义修辞学（Broad Stylistic Context）和狭义修辞学（Narrow Stylistic Context）两种。所谓广义，涉及内容包括语体和体裁（Style and Type of Writing）等；所谓狭义，主要涉及修辞格（Stylistic Devices or Figures of Speech）。

从英汉修辞学的范围比较中，可以推论修辞格属于一种狭义概念上的修辞学范围，但它又是整个修辞学领域中一个重要的组成部分。

（二）英汉语修辞格的范围和归类

1. 英汉修辞格的范围比较

无论英语还是汉语，辞格到底有多少，范围有多大呢？答案是众说纷纭。因为语言本身是不断发展变化的，作为语言手段的修辞格无疑也在不断地发展变化。从前一些具有强大生命力和艺术感染力的修辞手段，可能由于不适应形势发展而变得陈腐起来，渐渐失掉了它的地位和作用。而有些辞格却顺应了语言和社会的发展趋势，日益显示出它的作用。更有一些"未被意识和注意"的，随着语言的发展脱颖而出，成了新的修辞手段。因此，对修辞格的大小多少就难以固定和把握了。但根据英汉修辞专著的归纳研究，大概也还有个范围可谈。

1923 年，唐钺提出了汉语"修辞格"这一概念。他认为"凡语文中因为要增大或者确定词语所有的效力，不用通常语气而用变格的语法，这种地方叫修辞格"①。1933 年在陈望道的《修辞学发凡》中，将修辞格列为积极修辞手法之一，提出了辞格为语辞的运用提供了更多的可能，造成超脱寻常文法以致寻常逻辑的新形式。在书中他将汉语修辞格归纳为 38 种。这一直都被公认为是比较权威、系统和科学的。20 世纪 90 年代以来，辞格的数量呈增

---

① 唐钺著. 修辞格 [M]. 商务印书馆，1923.01.

长之势，有的修辞专著已提出 100 多种。谭永祥《汉语修辞美学》一书发展了陈望道的观点和看法，在旧的辞格上又建立了新辞格。他归纳了 60 种辞格，除开 26 个传统辞格，还新建了 34 种辞格并分别总结了各自的特征和功用。唐松波等人的《汉语修辞格大辞典》收集辞格 156 个，其中正式辞格 117 个，小格 121 种，尚不能独立或有待于探讨的辞格有 39 个。增设了频词呵成、择喻、号代、等式等 10 个辞格。成伟钧等的《修辞通鉴》从实用修辞角度出发，将这部书分为 8 篇。前 4 篇主要是微观研究，涉及语音修辞、词语修辞、句法修辞修辞格。全书共收条目 1 800 多条，翔实地反映了言语的修辞现象。可谓修辞界的"大观园"。

从 20 纪初到 20 世纪 80 年代，英语修辞先后出现了十七种修辞学说，例如对抗修辞学、修辞哲学、动机修辞学、认知修辞学、价值修辞学、描写修辞学、生成修辞学等。同时，修辞坛中还对派别进行了划分，分为七大派别：古典派拉米斯派、行为主义派、普通语义派、交流理论派、哲学派、文化派。加利福尼亚州大学教授 R.A Lanham 在他的 A Handlist of Rhetoind Terms 一书中总结了数百条修辞格，受其影响国内英语修辞专著对英语辞格涵盖的研究和归纳也呈上升趋势。冯翠华在 20 世纪 80 年代的《英语修辞格》中对常用的 26 种辞格进行了收集；谢祖钧在《英语修辞》中也收集了常用的 26 种辞格，这与冯翠华的《英语修辞格》中略有不同。在 20 世纪 90 年代后，修辞学成为一门使用话语的综合性语言理论，并获得了快速的发展，这使得修辞学的内容得到丰富，知识程度得到加深，与此同时，微观角度的辞格研究也在不断拓展。文军的《英语修辞格词典》对英语修辞的现象进行了广泛的收集，一共收录 88 种辞格，自成一家。1996 年徐鹏在《英语辞格》中对英语的修辞手段进行了全面详细的介绍，收集了超过一百种的辞格。英语学习者了解英语修辞格对全面掌握英语有着非常重要的作用，与此同时，学习者还可以在学习中感受到英语辞格的变化历程和发展。

2. 英汉修辞格的分类

汉语修辞现象在陈望道的《修辞学发凡》中被分为两类：消极修辞和积极修辞。消极修辞，是一种抽象的、概念性的，需要与事理相符合，说事实需要与事情的实际相符合，说理论需要与理论相联系，消极修辞的活动有一定的常轨：说事实常以自然的关系、社会的关系为常轨；说理论常以因果关系、逻辑的关系为常轨。积极修辞是体验的、具体的，价值的高低与意境的高低相挂钩，如果可以将生活中的真理体现出来，可以反映生活的趋势，那么可以使用现实世界中不存在的现象，也可以使用逻辑律所不能推定的意境。积极修辞的轨道是意趣的连贯。积极修辞中包含修辞手段，修辞手段的条项约有辞格和辞趣两大部门。

王希杰的《汉语修辞学》从第 6 章到第 10 章涉及的是修辞手段，他将修辞手段分成了声音、均衡、变化、侧重联系几个类别。在"声音"一章里，他归纳了从摹声到平仄的 7 项内容；在语言的"均衡"一章中，他细述了从对偶到列举分承等 7 项内容；在语言的变化一章中，他涉及了从双关和反语到顿跌和曲说等 6 项内容；在语言的"侧重"美中，他叙述了从反复到反问的 6 项内容；最后一章是语言的联系美，他解说了从比喻到引用的 9 项内容。

汉语辞格的分类问题上一直存在着一些分歧。除了上述两本书的分类外，唐松波等人收集了 156 个辞格在《汉语修辞大辞典》中，被分为四大类——语义、布置、辞趣、文学，对于这种分类来说，前三类属于常见的分法，后一类是对之前分类的完善和补充。

张弓的《现代汉语修辞学》从表现方法的角度将修辞分为 3 类，吴士文的《修辞讲话》从特定结构的角度将修辞分为 4 类，周振甫的《通俗修辞讲话》从效果或作用的角度将之分为 6 类，潘晓东的《辞格大类划分刍议》从主要特征的角度将修辞分为两类。郑远汉《现代汉语修辞知识》从语音、词汇、语法、逻辑性的形象化等方面对修辞进行了分类。

国内的英语修辞专著对英语修辞的分类意见也不同。文军《英语修辞格词典》将所收集的 88 个英语辞格分成了九类，分别是"喻类辞格""双关""仿似""代类""节略""反复""对照并列""颠倒变换""示现"。徐鹏在《英语辞格》按照欧洲语言的一般分类方法和标准将所介绍的 100 种英语辞格分成了五大类：第一类，相似或关系类（figures of resemblance or relationship），主要包含 26 个辞格，如 metaphor（暗喻）、simile（明喻）、euphemism（委婉）等。

第二类，强调或低调类（figures of emphasis or understatement），主要包含 30 个辞格，如 antithesis（平行对照）、hyperbole（夸张）、irony（反语）等。第三类，声音类（figures of sound），主要包含 29 个辞格，比如 repetition（反复）、alliteration（头韵）、onomatopoeia（拟声）等。第四类，文字游戏和技巧类（verbal games and gymnastics）包含 pun（双关），anagram（回文构词）等 10 个辞格。第五类，拟误类（errors）涉及了 malapropism（误用词语），periphrasis（折绕），spoonerism（首音互换）等 5 个辞条内容。张文庭、熊建国的《英语修辞及惯用法》将英语修辞和惯用法结合起来，相互补充来归纳分类。将辞格分成相似修辞格（Figures of Similarity）、关联修辞格（figures of Association）、想象修辞格（figures of Imagination）、声音修辞格（Figures of sound）、对照修辞格（Figures of Contrast）、强调修辞法（Figures of Emphasis）、柔和修辞格（Figures of softening）等 7 类，很有新意。

修辞格分类的角度之所以存有较大分歧，这主要是因为修辞格的确立有着广泛的客观基础、心理基础、美学基础、逻辑基础以及语言文字基础。辞格能独立从某些角度上反映出客观事物的属性、联系及其发展规律，能调动人们的注意、想象、联想、情感等心理活动；能适应人们不同的美感要求，而且还能反映出各民族某些独特的特性。因此，当人们对诸多因素的偏重不同时，修辞格的分类当然也就有所不同了。

值得一提的是，国内首次从英汉比较的角度来进行研究的是余立三的《英汉修辞比较与翻译》，这本书从语义、结构和音韵三个方面，按照情景的要求以及题旨的要求，对英汉的辞格进行分类，对英语常用的 31 种和汉语常用的 30 种辞格的特定结构、特定方法、特定功能，进行了独到的比较与分析。1993 年胡曙中的《英汉修辞比较研究》结合英语教学实际，从理论和经验的角度，对现代英语和汉语的修辞体系进行比较与研究，从整体上指明它们的结构特征、异同以及异同产生的原因。1994 年李定坤的《汉英辞格对比与翻译》将汉英 33 种辞格分为联系美、变化美、均衡美、侧重美、声色美五大类，把美学与汉英辞格的对比研究直接结合起来，使英汉修辞比较在我国出现了新的面貌。

第二节　英汉音韵修辞对比

一、双声

双声指一句话中连续出现两个或两个以上声母相同的音节，带有双声现象的词语叫作双声词。常见的汉语双声词有"珍珠""淋漓""造作""改革""娉婷""辉煌""忐忑""尴尬"等。

有一类特殊的双声词叫作双声联绵词，指声母相同且两个音节连缀成义而不能拆开来说的词，两个字合在一起才能共同表达该词语的意思。常见的联绵词如"澎湃""璀璨""惆怅"，上文中的"淋漓""忐忑""尴尬"等也属于双声联绵词，双声联绵词是一个完整的语素，不可继续分割。"改革"不是双声联绵词，因为"改革"是由两个自由语素构成的，每个语素都有其自身的意义。

汉语双声词具有独特的修辞效果，能够巧妙地将汉字的音意之美结合起来。古诗中经常可以看到双声现象。例如：

间关莺语花底滑，幽咽泉流冰下难。

（白居易《琵琶行》）

"莺语"是典型的由两个语素组成的双声词，作者之所以不用"莺啼""莺鸣"而选择"莺语"，就是为了借用双声词特有的音韵效果，使读者不仅能理解语义，更仿佛能听到莺儿婉转细语般的啼叫声。"幽咽"的双声效果也生动地反映了此时泉水流动的低缓声滞，仿佛悲伤之人的呜咽。

Alliteration 通常被翻译为"头韵"，意为 the occurrence of the same letter or sound at the beginning of adjacent or closely connection word。从含义上来看，汉语的双声现象与英语的 alliteration 具有一定的相似之处，都要求几字或几词的开头发音部分相同。英语头韵分为辅音头韵和元音头韵。例如，safe and sound（安然无恙）、saints and sinners（圣人与罪人）是辅音头韵，aid and abet（教唆，煽动）是元音韵。

英语中的 alliteration 和汉语的双声存在一些不同点。英语的头韵可以存在于一句话、一个短语、一行诗等结构中，押头韵的两个单词可以紧挨，也可以由 and 连接或零散分布，而汉语双声的两个音节必须是紧挨的。

二、叠韵

汉语叠韵与双声相似，不同之处在于双声要求声母相同，叠韵要求韵部中的韵腹和韵尾相同。汉语中的韵母分为韵头韵腹、韵尾。韵头只有 i，u，ü 三个，出现在韵腹前面。韵腹是韵母的主干，又叫"主要元音"，韵母的收尾部分叫作韵尾。汉语的叠韵只要求韵腹韵尾相同，韵头是否相同则不作要求。"叠韵联绵词"也是汉语叠韵的一种现象，与双声联绵词相似，如"徘徊""苍茫"等。汉语中的叠韵在诗词中也十分常见，例如：

瀚海阑干百丈冰，愁云惨淡万里凝。

（岑参《白雪歌送武判官归京》）

这里的叠韵不仅使诗歌读起来朗朗上口，而且在语音上增强了诗歌的气势，把冰封沙海、雪压冬云的景象描绘得气势磅礴而又瑰奇壮丽。

英语的 assonance 指元音韵，又叫准押韵，要求元音押韵而辅音不押韵，如 penitent 和 reticence 两个单词就是押元音韵。Rhyme 指英语中的押韵，要求两个单词或两行诗的末尾重读元音及其后的辅音必须相同，而该重读元音前的辅音必须不同。例如：

Speaking without thinking is shooting without aiming.

不经思考的言论如同不找目标的射击。

由此可见，汉语中的叠韵与英语的 assonance 和 rhyme 并不完全对应，除了对押韵部分的要求不同外，汉语叠韵与双声相似，要求两个音节必须紧挨，而英语 assonance 和 rhyme 可以在一个短语内、一行诗内，甚至几行诗内。

三、叠字

汉语叠字指相同的字或词连续重复使用，常见的汉语叠词形式有 AA、

ABB、ABAB、AABB 等。AA 式如"个个""每每""常常""屡屡"等；ABB 式有"红彤彤""绿油油""坦荡荡""冷冰冰"等；ABAB 式有"火红火红""笔直笔直""瓦蓝瓦蓝""碧绿碧绿"等；AABB 式有"团团圆圆""开开心心""红红火火""千千万万"等。

汉语叠字可以由不同词性的词组成，组合后的词以形容词性和副词性为主，可以用来生动形象地表现颜色、神态、声音等，具有独特的音韵美。叠字在汉语中的应用如：

大弦嘈嘈如急雨，小弦切切如私语。

（白居易《琵琶行》）

君子坦荡荡，小人长戚戚。

（孔子《论语·述而》）

Reduplication 指英语单词或英语音节的重复，重复的单词可以由连字符连接，也可以用介词或连词连接。例如 all in all，more and more，so-so，never-never 等。音节重复现象常出现于 alliteration，assonance 和 rhyme 中。英语中的 reduplication 同汉语叠字的功能比较相似，可以使描述和形容更加生动形象、惟妙惟肖。Reduplication 常见于口头语，一般不用于书面语和正式场合。

四、拟声

拟声即人类语言对自然声音的模拟，拟声词在世界上多数语言中都是存在的。汉语中的拟声词又叫"象声词""摹声词"。由于自然界中的声音非常丰富，人类语言在模拟自然声音时也相应地创造了各式各样的拟声词，甚至有时一种声音可以由不同的拟声词来模拟，同一个拟声词也可以模拟不同的声音。例如：

他的上颚骨和下颚骨呷呷的发起颤来。

（郁达夫《春风沉醉的晚上》）

这里的"呷呷"是对人类骨骼颤动的声音的模拟，如果去掉这个拟声词，单凭对动作的描述来表达当时的情景，则少了一分身临其境之感。

汉语中的拟声包括对人体声音、动物声音、动作发出的声音、自然现象的声音、音乐声等多种声音的模拟，由于其在表意上的形象性和表音上的生动性，拟声词是各种文学作品不可或缺的修辞手段。

英语中的 Onomatopoeia 也指拟声，同汉语拟声词相似，英语拟声词也十分丰富。如模拟狗叫声的拟声词有 bark，wow-wow，yap，yelp 等；模拟猫叫声的拟声词有 mew，miaow，miau，meow 等。模拟叮当作响的拟声词有 jingle，jangle，tinkle 等；模拟流水潺潺的拟声词有 murmur，babble 等。英语文学作品中的拟声词也十分常见，例如：

Cuckoo, jug-jug, pu-we, to-witta-woo!

（托马斯·纳什《春》）

这首诗的每一节都以"Cuckoo, jug jug, pu-we to witta-woo!"一系列拟声词结尾，这些拟声词呼应了各种描绘的春天的鸟叫声、动物叫声、牧笛声、老妇儿童的交谈声，如同一曲近在耳畔的交响乐。有了这些拟声词，作者不须多费笔墨，便可将这闹春的场景形象地展现给读者。

汉语的拟声词是一个单独的词项，英语中则没有独立的拟声词，多数拟声词不但起着模拟声音的作用，而且同时承担着主语、谓语、宾语等功能。例如：

The rain pattered all night.

这场雨噼里啪啦下了一夜。（拟声词作谓语）

五、感叹

汉语中的感叹与英语中的 ecphonesis 基本属于同一类修辞手段，都指句子语气上明显表现喜、怒、哀、乐、爱、恶、欲等非常强烈的情绪，对惊讶、赞叹、伤感、愤怒、鄙斥、恐惧或希望等等各种情感反应非常强调。

汉语感叹修辞通常有两种方式，一种是在句中使用感叹词，例如：

（1）二诸葛连连摇头说："唉！我知道这几天要出事……"

（赵树理《小二黑结婚》）

（2）啊啊！生在这样个阴秽的世界中，便是把金刚石的宝刀也会生锈！

（郭沫若《凤凰涅槃》）

另一种感叹修辞则需要借助一定的句型，如使用设问句、倒装句等，例如：

（1）人家怎么就不搜你身上呢？……不怕挨打，也好嘛？……

呻唤，呻唤，尽是呻唤！

（艾芜《山峡中》）

（2）别了！司徒雷登！

（毛泽东《别了，司徒雷登》）

英语中的感叹多数也是通过借助感叹词或特殊句型来实现的，使用感叹词的感叹句如：

'Oh, don't say that', cried little Hans.

"哦，别这样"，小汉斯叫道。

（奥斯卡·王尔德《夜莺与玫瑰》）

英语中部分感叹句型由 what 或 how 来引导，例如：

'What an honor!' cried all the courtiers.

"多么荣幸呀！"侍臣们喊道。

（奥斯卡·王尔德《夜莺与玫瑰》）

英语中还有一些表示感叹的特殊表达，如：

（1）Dear me！哎呀！

（2）My goodness！天哪！

（3）Just my luck！算我倒霉！

第三节　英汉词义修辞对比

一、夸张与 Hyperbole

英语和汉语属于两个不同的语言体系，但是这两种语言有着共同的修辞方式，那就是夸张。它们不管是在特征作用上还是在表达方式上都非常的契合。从宏观上来看，自然规律具有相对的恒一性和客观性，人类对自然的认识也具有类似的认识经验。从这一相对一致的认识经验出发，经过漫长的历史发展和语言接触中的相互补充、相互渗透，尽管语言有异、疆域有别，人们对语言夸张的接受心理就大致相同了。但微观而言，英汉两种语言毕竟不同语系，由于文化背景、风俗习惯不同，在比较对象、比喻方式、联想的内容上也多少有些差异。英汉夸张从性质、作用上均可分为两类：一类是扩大夸张，即故意扩大事物的形象特征；一类是缩小夸张，即故意缩小事物的形象特征。从表达方式上，英汉夸张也分成两类：一类是直接夸张，即在事物原有的基础上直接夸大；另一类是间接夸张，即借助其他修辞方式夸张。本节试图从英汉夸张的表达方式上进行一下比较。

（一）直接夸张

直接夸张指在事物原有的基础上从速度、程度、力度、量、时空等方面扩大和缩小，其修辞效果比较单纯。英语常用实词、短语、固定搭配或整个句子等形式直接夸张，例如：

The noise was loud enough to wake up the dead.

那声音大得足可将死人吵醒。（这是形容词短语表夸张。）

He made a thousand and one excuses.

他的借口多极了。（这是数词表直接夸张。）

汉语直接夸张多用词组和句子表达。不同的是，固定的介词词组表现夸张的情况一般少见。试分析下列例句：

"危楼高百尺，手可摘星辰，不敢高声语，恐惊天上人。"

（李白《夜宿山寺》）

这是用数量词，述宾词组和句子从"高"扩大。

"五岭逶迤腾细浪，乌蒙磅礴走泥丸。"

（毛泽东《七律·长征》）

这是用名词的偏正结构缩小五岭、乌蒙山脉，从而扩大了红军的形象。

（二）间接夸张

间接夸张就是借用其他修辞格（Figures of Speech）夸张。文学创作中，无论是英语还是汉语，常用两种或多种修辞结合于一体的艺术手法。夸张也常与其他修辞格粘连一起来增加语言的艺术感染力，使读者心中多了一些图景，这里主要列举明喻和暗喻含夸张的情况。

1. 借用明喻（simile）表夸张

明喻就是打比方。汉语常用"像、如同、好比、犹如"等词来连接本体与喻体。英语则常用"like，as"等连词或介词连接。夸张寓于明喻，常给人一种异乎寻常的感觉。如：

"一个浑身黑色的人，站在老栓面前，眼光像两把刀，刺得老栓缩小了一半。"

（鲁迅《药》）

"眼光"比喻像"两把刀"是明喻又是夸张，这是借用明喻表现夸张，使一个凶恶可怕的形象跃然纸上。试比较英语：

My brain was as powerful as a dynamo, as precise as a Chemist's scales, as penetrating as a scalpel.

"我的脑子像发电机一样发达，像化学家的天平一样精确，像手术刀一样锋利"。

例中将脑子比喻像发电机发达，像化学家的天平精确，像手术刀锋利。但由于民族间社会文化的环境不同，观察事物的角度不同，用自然现象作喻体的对象也就有时不同。因此，翻译不要忽视各自的表达习惯，弄得译文难以接受。例如，"He drinks like a fish.""She is as timid as a hare.""He is as stubborn as a mule."若译成"喝水如鱼""胆小如兔""犟得像骡"，就会使人觉得比喻不当，不可理解。若译成"牛饮""胆小如鼠""犟得像头牛"，就显得合乎中国人的习惯，易于接受了。此外，有些英语明喻夸张句汉译时，根据习惯，译成暗喻夸张句，而汉语的暗喻夸张句译成英语时又成了明喻夸张句。

2. 借用暗喻（metaphor）夸张

暗喻，顾名思义，就是暗中打比方。暗喻含夸张语言简洁明快，形象惟妙惟肖，常见的方式有两种。

（1）汉语常用"是、变成、变为"等一类词来联系本体和喻体，英语则常用动词"be""become"。如：

"生活是一条藤，总结着几颗苦涩的瓜。"（电视剧《篱笆·女人·狗》）

"霎时间东西长安街成了欢腾的海洋！"（袁鹰《十里长安街》）

生活是"藤"、是"瓜"；长安街成了"海洋"都是暗喻句，但又带有夸张色彩，是暗喻夸张句，比较英语：

"All the world's a stage.

And all the men and the women are merely players;

They have their exits and their entrances."

"世界本是一座舞台，一切的男男女女只不过是演戏的人；他们各自有出场，又各自有退场。"

把"人、人世间"看成是"演员、舞台"是缩小形象的暗喻夸张，这种比喻形象生动，语言恰到好处。

（2）汉语的暗喻有时通过同位、偏正、主宾关系表达。

如："在朝鲜的每一天，我都被一些东西感动着；我的思想感情的潮水，在放纵奔流着。"

英语暗喻也有时通过名词词组、动词词组、形容词短语，特别是"of"结构来表现。例如：a burning shame（极其可耻）；an avalanche of protests（排山倒海之势的抗议）；to pour scorn on sb./sth. [对人/物极尽蔑视之能事]。

二、移就与 Transferred Epithet

人们在用词、造句、谋篇中，往往按照思维规律，遵守词与词、句与句篇与篇之间合乎情理，合乎逻辑的组织关系，以求意义表达清楚，信息传达准确无误。但在诗化语言中，有种修辞手段却"逆潮流而动"，蓄意违背思维规律，在特定的语言环境里，造成一种不合逻辑的语言现象来达到一种出人意料的语言情趣。英汉两种语言中都有这一修辞手段。英语称为 Hapallage 或 Transferred Epithet，汉语称为"移就"。

（一）移就与 Transferred Epithet 的定义

Cuddon J. A.的《文学术语词典》将 Hapallage 释为"Also known as transferred epithet. A figure of speech in which the epithet is transferred from the appropriate noun to modify another to which it does not really belong."（……也以移就相称。它是将修饰语从本应修饰的名词处移到实际上不相干的另一名词上）Hapallage 一词源于希腊语，意为"exchange"（调换）。例如"a sleepless bed""a winning football season."照理，sleepless 和 winning football 表示人的行为，应当说明和修饰"人"这类 appropriate noun，现在却调换到不相关的"物"—"bed""season"上。"bed"怎能"sleepless""season"又如何"winning"呢？显然有悖逻辑和情理。

《辞海》中对汉语移就的注释是："甲乙两项相关联，就把原属于形容甲事物的修饰语移到乙事物上，叫移就。"例如，"母亲不由地向后挪动一步，身上立时起了一层寒冷的鸡皮疙瘩，手在神经质地颤抖"。（冯德英《苦菜花》）"寒冷的"应当是人，都转移到"鸡皮疙瘩"上去了。可见，英汉移就都是把理当说明甲事物的词语转移到理当不可说明的乙事物上了。

（二）英汉移就有悖逻辑的逻辑性表现分析

英汉"移就"的定义揭示出两者的共同点都体现在一词义搭配的有悖逻辑且又合乎逻辑地存在着——这一语言现象上。无论英语还是汉语，词与词发生有规则的组织关系时就产生了意义。这种有规则的组织关系是指词与词之间要符合语法结构规律和自然的逻辑思维规律。也就是说，词语组合一方面须依据一定的语法关系，受到一些选择限定。例如，每个词都具有一定的词性，每个词搭配时都会受词性的限制。形容词一般说明名词，而副词又多用来说明动词、形容词等。违反这些规律，就容易出现病语病句，对意义的表达造成障碍。日常交流语言是完全习惯这种选择限制的。另一方面，它要遵循一种逻辑思维规律，词与词的搭配应当是一种自然的衔接与连贯。概念或意义的表达不可含混不清，理由不足，自相矛盾等。例如，说到"冷酷"，自然联想衔接的对象可能是"人"等词语。如果说"冷酷的书"就显得用词不当、概念有误，就违反了自然的思维规律。因为对"书"一词的修饰语，人们自然关联的、合乎逻辑的对象可能是"有趣的""厚厚的"等等。因此，日常交流语言中，词语组合常表现出一种表层的语义逻辑关系，是人类对于语言与事物的一种单纯的认知性操作。

诗化语言则不同。它有时为了提高语言的特殊效果和艺术感染力，会故意"正话反说"（反语）、"小题大做"（夸张）、"自相矛盾"（矛盾修饰法）、"搭配不当"（移就）等等，会有意识地去违反或偏离常规模式来重组词与词、句与句。这时，重组的词语已不只是停留在人类对于语言与事物的单纯认知性操作而是将词语从简单的逻辑思维方式和语法关系的制约下解放出来，扩大词语间联想、比喻、象征作用，从深层的语义关系中挖掘词语的内涵，开拓人们对词语本身的思维联想力，着力投射出某些隐含的相关图像，揭示出词语的"言外之意"，增加词语自身存在的力量。

这些诗化词语虽表面上违背了常规模式，其实是利用事物间相近、相关、相属的原理，依靠人们合乎逻辑的比拟、联想，在一种特定的语言环境中，相互发掘，形成一种新的搭配关系，揭示出内在的深层语义关系，使人们从中体会出一种隐含的完全合逻辑的思维联想图像，获得语言美的新感受。英汉移就是依据这一思维方式存在的。

从语法结构上讲，英汉移就都没有改变词语组合中的语法关系。它们属于超常的语言现象是从语言的逻辑思维规律上来讲的。它们表面的悖逆逻辑规律，正是利用了事物间相近、相关、相属的原理，在一种特殊的语言氛围中，将语义临时巧移来引起人们的比拟、联想，从而悟出词语内部合乎逻辑的深层内涵。因此，对英汉移就的理解其实是一种联想、推理的逻辑思维的过程。例如，"燃烧的爱情"是典型的移就词组。"燃烧"自然衔接的事物很多，例如火焰、柴火、树木、书报等等。人们又常常将"火焰"比喻成"爱情"。根据这一邻近联想，挖掘出一个词语内部隐含的合乎逻辑的比喻"爱情像火焰"。"火焰"能燃烧，由此类推，"爱情"也就可以"燃烧"了。于是，"燃烧的爱情"也就似乎"言之有理"了。这一合乎逻辑思维的联想、推理、综合过程也就在词语表面的悖逆逻辑中解读完毕。同时，这一解读过程使英汉"移就"构建的功能也一目了然。其一，言简意赅。如果用明喻来表达相同的意思，那么"爱情像火焰一样在燃烧"语言用词耗费量大得多。其二，言内意外。可以使人感受到一种出乎意料的语言情趣，这是普通语言所不及的。英汉移就无论移人于物、移物于人或移物于物，重点是语义的"移"，而且是临时的"移"，不具备约定俗成的特点，也不能随心所欲。其存在的条件首先是"必要"，其次是"可能"。"必要"就是要通过语义巧移，有产生特殊的语言效果之必要。"可能"就是要在语义巧移之后，信息或意义的传达可能被正确地接受或理解，不至于造成理解上的混乱，让人不知所云。"可能"的关键在于甲乙两项事物相关联。例如："尴尬的棉花""the grapes of wrath"（愤怒的葡萄）。乍一看不通情理，可这都是上乘的移就修辞手段，要解其中"味"，就要借助于相关事物去体会和理解。"棉花"怎样"尴尬"？"grape"又怎能"wrath"呢？实际上"尴尬的棉花"是 1999 年元月 8 日《北京青年报》上一篇文章的标题，大意是"创世纪转基因技术有限公司"拥有抗虫棉独立知识产权，他们期待推广这项技术，造福于民，并获得商业价值。然而，在推广应用中遇到重重困难和阻力，结果让美国卷走两个亿，其状况实在令人尴尬。"The Grapes of Wrath"是美国著名小说家 Steinbeck（斯坦贝克）一部小说的书名。它以经济大恐慌时期大批农民破产、逃荒、斗争为背景，详述了农民们的土地被垄断资本家强占之后，被迫西迁，又陷入十分悲惨的境况中。表面上看"愤怒的葡萄"不合逻辑，但人们若置身于那一特殊情景中去联想时，就不难体会出"愤怒"的并非是"葡萄"，而是暗指那些受尽欺凌的采摘工，是他们在"义愤填膺"。这一临时巧移，不仅入情入理，而且还言简意赅、生动形象地揭示出了小说的主题。

（三）英汉移就表现方式的归类与比较

英汉移就格都是语义巧移，因此表现方式上也相差无几。按照特点，可以分成以下几种情况。

1. 人的情感通过"潜喻"巧移

把描写有生命物的情感或状态的词语巧移到无情状可言的事物上。例如：

"……啊，啊！农家夫妇的幸福、读书阶级的飘零！我女人经过的悲哀的足迹，现在由我一步步的在践踏过去！……四周的景色，忽而变了，一刻前那样丰润华丽的自然美景，都好像在那里嘲笑我的样子。"

（郁达夫《还乡记》）

"足迹"为物，"悲哀"乃情。情理上"足迹"无法"悲哀"，可作者托意于物，将内心的悲哀倾注在无情可言的"足迹"上来渲染自己的感受。

"丰润华丽"常指人的仪态，这里巧移到"四周景色"上来表现人物心境交映的情景。试比较英语：

"Tom closed the car window and sat back in his seat, in hostile silence. His uncle cleared his throat and said: 'well, I hope we get on reasonably well.'"

（Philippa Pearce：Tom's Midnight Garden）

汤姆关上了车窗，坐回了他的位子上，满怀敌意地沉默不语。他的叔叔清了清嗓门说："喂，希望我们能勉强凑合。"

"Silence"（沉默）是抽象物属名词，"hostile"（怀有敌意的）是人的情感表现。这一搭配让人费解。可它的特殊语言环境是汤姆和彼特即将开始假期生活，他俩兴高采烈地制订了一系列有趣的计划，而此时彼特突然患了麻疹，必须隔离。汤姆将被叔叔带到完全陌生的地方度假。作者并不着力去描写汤姆的敌对情绪和举止，而将"hostile"一词巧接到"silence"上来烘托环境，尽显其妙。

2. 人的行为通过"潜喻"巧移

把本应描写甲事物行为举止的词，巧移到了乙事物上；或反过来把本应描写乙事物行为举止的词，巧移到甲事物上。试比较英汉例句：

"我们走吧！丹柯嚷着，高高地举起他那颗燃烧的心，给人们照亮道路，自己领头向前奔去。"

（高尔基《伊则吉尔老婆子》中译本）

"她恨富裕中农轻薄的儿子有眼无珠,只看见她外貌,却看不见她的心。她细密牙齿咬住红润的嘴唇。她要把这封不要脸的信撕碎,投到汤河的绿水里去。"

(柳青:《创业史》)

"燃烧"是物质的一种化学属性,人的"心"是不会燃烧的,作者为了表现英雄主义的崇高精神,将"燃烧"这一物质的化学特性移置到了英雄的身上。"不要脸的"应该是人,作者却将之移置"信"上,不仅使文字简练,而且也生动地揭示了写信人的丑恶灵魂和收信人轻视和愤怒的态度。

英语中行为移置除了用形容词以外,还常用具有修饰语作用的现在分词,过去分词和分句来担任。例如:

He looked at me with an air of surprised disapproval, as a colonel might look at a private whose bootlaces were undone .

(Robert Best: My First Job)

他用一种既不赞同又很惊诧的神色打量着我,就像一个上校打量鞋带没有系好的士兵一样。

"surprised"本应表现"人"的行为心态,而这里的 surprised 却用来说明"disapproval"(不赞同);"不赞同"何能"吃惊"?实际上是说那位校长打量应聘而来的人时,既不赞同又很吃惊的表情。

3. 事物的色彩词巧移到情感和行为上

把表示事物的颜色词移置具有感情色彩的事物上。如:

吴荪甫突然冷笑高声大喊,一种铁青的苦闷和失望,在他紫酱色的脸皮上泛出来。

(《茅盾文集》第三卷,64 页)

"苦闷和失望"是人的感情,不会带颜色。作者将颜色词移入表达人的情感词中,实际上暗指吴荪甫苦闷和失望之极,使他的脸上都泛出铁青色来。

英语的颜色词也常移置于情感和状态中。例如:

"He is in a white fury."(他愤怒已极。)

"He got many black looks for his speech against the government."(他的反

政府言辞遭到大家无比愤怒的目光。)

英汉移就具有灵活多变、言简意赅、生动形象的特点，这使它的运用具有广阔的前景。

三、类比与 Analogy

汉语中的类比指基于两种不同事物间的类似，借助喻体的特征，通过联想来对本体加以修饰描摹的一种文学修辞手法。类比和比喻的概念不同，比喻中的"比"是"比拟"的意思，而"类比"中的"比"是"比较类推"的意思。类比不仅仅是一种修辞格，也是一种常见的逻辑推理方式。例如：

（1）妙玉笑道："……岂不闻'一杯为品，二杯即是解渴的蠢物，三杯便是饮牛饮骡了。'你吃这一海便成什么？"

（曹雪芹《红楼梦》）

（2）只要流传的便是好文学，只要消灭的便是坏文学；抢得天下的便是王，抢不到天下的便是贼。

（鲁迅《文学与出汗》）

从例句可以看出，类比也包含着比喻的意味，其中所有客体与主体都有共同的类比的相似点，这种扩展式的阐释可以产生一系列的联想效果，使语言更有说服力。

英语的 analogy 在《新牛津英语大辞典》中的解释为：a comparison between one thing and another，typically for the purpose of explanation or clarification。与汉语类比相似，英语类比也是以阐释道理为目的而对两种事物进行的比较类推。英语类比的应用例如：

It is obvious today that America has defaulted on this promissory note, in so far as her citizens of color are concerned, Instead of honoring this sacred obligation, America has given the Negro people a bad check, a check which has come back marked "insufficient funds".

But we refuse to believe that the bank of justice is bankrupt. We refuse to believe that there are insufficient funds in the great vaults of opportunity of this nation, And so, we've come to cash this check, a check that will give us upon demand the riches of freedom and the security of justice.

就有色公民而论，美国显然没有实践她的诺言。美国没有履行这项神圣的义务，只是给黑人开了一张空头支票，支票上盖着"资金不足"的戳子后便退了回来。

但是我们不相信正义的银行已经破产，我们不相信，在这个国家巨大的机会之库里已没有足够的储备。因此今天我们要求将支票兑现一这张支票将给予我们宝贵的自由和正义保障。

（马丁·路德·金《我有一个梦想》）

在马丁·路德·金的著名演讲中，他将政府给有色人群的承诺类比为"支票"，不仅使演讲语言生动形象，更巧妙地说明了一个道理：承诺就像支票一样，是必须兑现的。这里使用类比的手法极大增强了演讲的感染力和说服力。

四、拟人与 Personification

在英语与汉语中，拟人（personification）这一修辞格在用法上非常类似，都是将物体、动物、思想或抽象概念等写作人，使之具有人的个性或情感。拟人化的写作手法可以使描写的事物生动形象，而且能鲜明地表现作者对所描写的事物的感情。例如：

（1）录音机接受了女主人的指令，"叭"地一声，不唱了。

（王蒙《春之声》）

（2）一捆捆的稿纸从屋角的两只麻袋中探头探脑地露出脸来……

（徐迟《哥德巴赫猜想》）

（3）清风吹歌入空去，歌曲自绕行云飞。

（李白《忆旧游寄谯郡元参军》）

（4）Hail to thee, blithe Spirit!

Bird thou never wert,

That from Heaven, or near it,

Pourest thy full heart,

In profuse strains of unpremeditated art.

你好啊，欢乐的精灵！

你似乎从不是飞禽，

从天堂或天堂的邻近，

以酣畅淋漓的乐音，

不事雕琢的艺术，倾吐你的衷心。

（雪莱《致云雀》，江枫译）

虽然英汉拟人修辞格在定义和表现手段上都非常相似，但是由于英汉文化思维的不同，英汉拟人手法在感情色彩上和文化背景上有一定的差异，这一点在后面的章节中将有具体的说明。

五、双关与 Pun

双关是指一个词或者一句话同时具有两个含义：一是从字面上理解，二是言外之意。这种一箭双雕的话，从字面上看，它处于次要地位，言外之意为主。从各类英语词典中双关定义可推知，在英语双关类别中，不只是借助于一个显性铰链来启动两个或两个以上含义各异的双关，并且还包括借助于两个或两个以上显性铰链来传递两层或两层以上含义不同的双关。在国内学者看来，汉语双关类别主要是指借助于一个显性铰链，启动两层含义不一的双关，但是少数汉语双关在一个显性铰链的帮助下启动了多层不同的含义，或在两个显性铰链的作用下传达了两种不同的含义。

（一）英语双关

表面上说的是这件事，实际上是指另一件事。它可以是同音异义（homonym），例如：

An ambassador is an honest man who lies abroad for the good of his country.

大使为了本国的利益在国外多么忠诚地说谎！

句中 lie 有两个意思，既可以理解为"住在"，又可以理解为"说谎"。

也可以是同音异形异义词（homophone），如：

On the first day of this week he became very weak.

这个星期他身体变得虚弱了。

On Sunday they pray for you and on Monday they prey on you.

星期日他们为你祈祷，星期一他们抢劫你。

还可以是同形异音异义词（homograph），例如：

Finding tears on her coat, she burst into tears.

发觉外衣破了，她放声大哭起来。

（二）汉语双关

汉语双关语主要利用词语的多义或同音（或近音）条件构成，可分语义双关和谐音双关两类。

语义双关，是借用多义词来表达的，表面说的和所要表达的实际意思是两回事。例如：

周繁漪：这些年喝这种苦药，我大概是喝够了。（曹禺《雷雨》）

谐音双关，是利用同音（或近音）条件构成的双关。例如：

东边日出西边雨，道是无晴却有晴。

The west is veiled in rain, the east enjoys sunshine. My gallant is as deep in love as day is fine.）

或一词两义的构造的修辞手段。

另外汉语中还有许多用谐音表示的歇后语，例如：

外甥打灯笼——照舅（旧）

孔夫子搬家——净是书（输）

可见，双关语表现形式多种多样，意义内涵丰富多彩。有些双关语是中西共享的，可以找到对应的表达。如：

Pale green does not suit you, especially green around the gills.

淡青色和你不相配，特别是脸色发青。

green around the gills 是一个习语，意为（吓得）脸色发青。此处 green 的双关意思正好可用汉语的双关语表达，且英语习语对应汉语的四字成语，堪称巧合。

但对英汉而言，这类相应双关语的表达终究为数不多，更有可能是双关语没有找到目标语的相应表达形式，译者仅能部分地翻译双关语中携带的玄妙意义，不可能完整再现原文双关语所有意思，或者是一种双关语修辞形式，将原文展现于译文之中。在此背景下，如果盲目地去强调"忠实"的原则，则翻译无从谈起。因而译者应该将视线放在达意之上，从而为双关语的翻译开拓思路。

在处理文学作品的翻译时，译者可采取添加注释等方式进行解释，如：

Principal：Does any of you know martial art？

One teacher：I know Martial Schwartz.

译文一：校长：你们有谁懂得武术？

某教师：我认识马歇尔·施瓦茨。

译文二：校长：你们有谁懂得武术？

某教师：我懂得点巫术。

第一个译本，采用直译方法，尽管译出了基本信息，但是幽默效果全无相反，第二个译本，虽然与原文在字词的平面上有小偏差，但是保留了原文幽默的基调。

再如：

"What flowers does everybody have？"

"Tulips."（Tulips＝two lips）

"人人都有的花是什么花？"

直译："郁金香。"（郁金香的英文与双唇的发音相似。）

改译："泪花。"（马红军译）

可见，在双关语的翻译上，重要的是保留原文的修辞效果和文本完整，而不一定要保留原文双关语的形式和双关意思，不一定要在完全相同的文本位置上制造双关语，甚至可以改动上下文，以维持原文的效果。我们可以想出各种处理双关语的办法，更灵活地翻译双关语，大大增加双关语的可译性。

六、明喻与 Simile

据剑桥《高级英语学习词典》表述，"Simile refers to（the use of） an expression comparing one thing with another，always including the words 'as' or 'like'"，换言之，明喻是指通过比喻词将具有某种共同特征的两种不同事物连接起来的一种修辞手法。一般由三个部分组成：本体、喻体、喻词。例如：

Beauty, sweet love, is like the morning dew.

美丽、甜蜜的爱，犹如清晨的露珠。

My love is like a red, red rose.

我的爱人像一朵红玫瑰。

My heart is like a singing bird.

我的心像一只歌唱的鸟。

Rise, like lions after slumber,

In unvanquishable number

Shake your chains to earth like dew,

Which in sleep had fallen on you-

You are many-they are few.

（Shelly）

像睡醒的雄狮一样站起来吧，

你们的人数多得不可征服；

抖掉你们身上的锁链，

像抖掉沉睡时落在身上的霜露：

你们是多数，他们是少数。

（雪莱）

相对应地，汉语中也有许多比喻词，如"像、好像、仿佛、宛如、恰似、如同、一般、一样"等。

例如：

过去的事，一切都如同梦幻一般消失。

她展眉而笑，宛如轻风拂起湖面的涟漪。

新雨之后，苍翠如灌的山岗，云气弥漫，仿佛罩着轻纱的少妇，显得那么忧郁、沉默。

她们从小跟小船打交道，驶起来就像织布穿梭缝衣透针一般快。可见，英汉明喻修辞基本一致，可概括成下述公式：

$$A + 比喻词 + B$$

在翻译的时候，大部分可以采取直译的手法。然而，正如一切事物均有例外，并非所有的明喻可以直接照搬源语，由于中西文化的差异，有些意象所传递的内涵是截然不同的。在这种情况中，直译是远远走不通的，需要转换意象，力求归化，达到达意传神的效果。例如，在"他壮实得像头牛"这个句子中，译者不能将之直译成"He is as strong as a cow"。这是非常不可取的。尽管"牛"这个意象，在中国是"健壮"的象征，但是英语中一直没有这样的表达习惯，而相反，"马"，在西方人眼中，是强壮的代名词。因而，在翻译这个句子的时候，译者应该充分理解中西文化的差异，基于此之上，转换意象，完成翻译"He is as strong as a horse"。

同样，汉译英也要考虑文化因素。比如：as hungry as a hunter 不宜译成"饿得像狩猎者一样"，而应译成"非常饿"，以符合中文的表达习惯和思维方式。再比如 as bold as brass，"脸皮像黄铜一样"，这样翻译尽管是一一对应，信息齐全，但是读起来别扭，始终不是正宗的中文表达。相反"脸皮厚如城墙"则更符合中文表达风格。

因而，明喻的翻译始终离不开对中西文化的熟知。在意象相同或相近的情况下，能直译便直译，尊重原文；然而在某些文化蕴涵出现分歧的地方，在理解文本意思的情况下，尊重目标语的表达习惯，采用目标读者熟知的意象，以达到生动鲜明的表达效果。

七、暗喻与 Metaphor

剑桥《高级英语学习词典》将暗喻定义为 an expression which describes a person or object in a literary way by referring to something that is considered to possess similar characteristics to the person or object you are trying to describe:

"'The mind is an ocean' and 'the city is a jungle' are both metaphors. Metaphor and simile are the most commonly used figures of speech in everyday language."

也就是说，暗喻是明喻进一步的比喻，是一种隐藏的比喻，不使用比喻词，不表露比喻的痕迹，本体与喻体同时出现，本体隐藏在喻体内。如 "She is a woman with a stony heart."（她是一个铁石心肠的女人）"我是妈妈的掌上明珠。"（I'm the apple of my mother's eye.）

可见，在暗喻这种修辞手法中，比喻是靠句子整体意象来传递，而非比喻词。试比较：

He is as stubborn as a mute.

He is a mute.

第一句以比喻词 "as……as" 来连接，是明喻，第二句直接是用 be 动词，将人物与意象等同，属于暗喻。

暗喻表达可以是名词，例如：

Failure is the mother of success.

失败乃成功之母。

可以是宾语：

He still has a ray of hope.

他仍抱有一丝希望。

可以是谓语：

His mind swept easily over the world.

他对世上各方面的情况了如指掌。

可以是定语：

A heavy purse makes a light heart.

有钱一身轻。

因而，不管是明喻还是暗喻，这种修辞手法都引起了审美主体——读者的联想、思索和体味，从而获得美感。

暗喻的翻译原则基本与明喻一致，可采用以下处理方法。

（1）保留差异，等值再现

Our state was suddenly disjointed and out of frame.

我们的国家突然脱了节、错了位。

frame（结构、框架）在英国伊丽莎白时代常用来指社会的秩序，不懂原文的人虽对这个形象不熟悉，但也能理解其喻义：一个政通人和的国家就如同一个很好的框架，而当政体有了恶变岂不就好像这个框架脱了节、错了位？

这种译法可谓"形神兼备"，可最大限度地再现源语风貌，还可以借此丰富本民族语，体验一下异族情调的"美"。

（2）代换比喻，去异求同

Mr. Smith may serve as a good secretary, for he is as close as an oyster.

史密斯先生可以当个好秘书，因为他守口如瓶。

as close as an oyster 这种表达方法对于中国人来说是陌生的，很难引起相同的联想和感情，因而，将喻体转换，改为"瓶"，以符合汉语的表达习惯。

这种翻译方法，从审美角度看，并未损害译入语的接受美学功能，反而产生了相同的审美效果。

（3）放弃比喻，动态对等

The ship plows the sea.

船在乘风破浪地前进。

此处翻译放弃了"plow"的比喻手法，而将之译成"乘风破浪"。原因在于原比喻的差异既不能保留，又没有合适的代换。然而，我们可以发现，尽管舍弃了比喻，但是原文的美学价值还是被很好地保留下来。这就要依靠良好的中英文功底以弥补缺失，从而获得审美效果上动态的对等。

第四节　英汉句法修辞对比

一、对照与 Antithesis

爱美是人的特性。人们无时无刻不在凭着自己的审美能力构建美的生活空间，也无时无刻不是根据自己的审美标准审视和改造周围的生活环境，使丑的变美，美的则变得更美。人们的这种审美心理反映在言语行为上就是用美的标准，根据美的规律，在言语行为中做出美的抉择。美主要表现为有序、匀称、清晰。

不言而喻，英汉辞格比较必须以被比辞格之间互相对应为前提。但是，对于 Antithesis 的汉语对应辞格，众说纷纭，有人把它看作"对照"或者"对比"；有人说，这就是"对偶"。尽管汉语修辞格中的"对偶"和"对照"确实存在着异曲同工之妙或者相通之处，尤其在结构上有相似之处，但是它们终究只是两个辞格，不可能画等号。所以我们会把汉语 Antithesis 相应辞格辨析与确定作为前提，以审美为视角，论述 Antithesis 与相应辞格在结构上的异同及修辞特点，然后对其各自审美倾向进行了考察。

（一）Antithesis 在汉语中对应修辞格的辨析与认定

当 Antithesis 区分"对偶""对照"等相应辞格，我们会根据界定，用事例加以证明，进行了分析比较，并且会按照常规逻辑确定同较异者为相应辞格的集合，反之则为相反。

根据韦伯斯特《新大学词典》（Webster's New Collegiate Dictionary）的释义，Antithesis 是指修辞上把意义相反相对的单词，从句或句子平行并置地进行对比（the rhetorical contrast of ideas by means of parallel arrangements of words，clauses or sentences）。

这在定义中清楚地表明"Antithesis"具有两个主要特征：在结构上平行并列，在含义上对立相对。例如：They promised freedom and provided slavery.（他们承诺自由却实行奴役。）

在汉语中，"对偶"就是把结构相同或者基本一致的字数对等、含义紧密连在一起的两个短语或者句子对称排列，是一种修辞格。就其含义而言，对偶也可以分为正对、反对与串对三种类型，如：

（1）风声、雨声、读书声，声声入耳；家事、国事、天下事，事事关心。

（2）酒逢知己千杯少，话不投机半句多。

（3）为有牺牲多壮志，敢教日月换新天。

其中（1）是正对，（2）是反对，（3）是串对。

这表明 Antithesis 和"对偶"在结构上以类似为主，尽管"反对"在结构上和含义上与 Antithesis 是一致或者类似，但是，这仅仅是对偶的三种类型。在含义上对偶只求关系密切，而且 Antithesis 强调的是对立的、相对的。其实对偶也有平仄相间、声韵和谐的需要，而且 Antithesis 并无显著特点。

按照高等学校文科教材《现代汉语》中的界定，所谓"对照"，就是将两个不同的东西或同一个东西的两面进行比较，置于一起互相对照的辞格。我国著名语言学家王希杰，在《汉语修辞学》中更是明确指出："对照是指将两对立事物中两相对应方面并列起来进行对比。"尽管上述论述均未明确提出"对照"结构平行并列这一特征，但是，它确实是一种比较与被比较时不言自明的需要。所以，"对照"辞格确实同时具有在结构上平行并列的特点，在含义上对立的两个主要特征。事实上，"对照"辞格中含有"对偶"中的"反对"成分。"满招损谦受益"等句子，既可视为"对偶"也可视为"对照"，它们所以常被称作辞格上的兼用。

上述基于定义的"Antithesis"与"对偶""对照"比较结果表明：在结构与意义上，"对照"比"对偶"更接近 Antithesis。所以确切地说，Antithesis 与汉语相对应的修辞格应该是"对照"，而非"对偶"。

（二）英汉"对照"的结构形式对比

Antithesis 作为一种修辞格，有着秩序与匀称这样一种形式美的特点。所谓秩序，从本义上看，就是事物在时空上安排的顺序。句子结构是一种时间排列的顺序。凌乱是指句子结构的凌乱、杂乱无章。句子结构由表层结构与深层结构组成。表层结构是词的多少由词素或者音节以及词的排列形式组成，而深层结构指词在句式结构上的自身结构。一般来说，Antithesis 可以划分为对同一件事的两个不同侧面的比较以及对两个不同事物之间的比较。一物两面之间的比较，可为单层次两面比较，还可多层次两面比较。比如：

（1）It was the best of times, it was the worst of times.

（Dickens, A Tale of the Two Cities）

这是最好的时期，这是最糟的时期。

（2）He (Alfred Nobel) made a fortune, but lived a simple life, and although cheerful in company,he was often sad in private.

他发了大财，但过着俭朴的生活，虽然众人面前快活乐观，但他却常常独自苦恼悲伤。

（3）Speech is silver; silence is gold.

雄辩是银，沉默是金。

（4）Both Robert Lee and George Meclellan assisted Winfield Scott in the planning of the brillant campaign on Mexico City in 1847. One went on to become a legend, the other to define incompetence.（Allan Millett）

罗伯特·李和乔治·麦克莱伦都曾在 1847 年攻克墨西哥城的辉煌战役中协助过温菲尔德·斯科特将军。但李后来成为传奇性人物，而麦克莱伦却成了无能的代名词。

（译文摘自范家材《英语修辞赏析》）

以上例句中，（1）（2）为一物两面的对比，（3）（4）是两物对比。

汉语的"对照"也有一物两面的对比和两物对比两种。例如：

（5）共产党人应该吃苦在前，享乐在后。

（6）头发梳得光，脸上搽得香；只因不生产，人人说她脏。

（7）虚心使人进步，骄傲使人落后。

（8）有的人骑在人民头上，"呵，我多伟大！"有的人俯下身子给人民当牛马。（臧克家《有的人》）

以上例句中，（5）（6）是一物两面的对比，（7）（8）是两物对比。下面我们以表格的形式列出 Antithesis 和"对照"辞格的句式结构对比情况（表 5-4-1），以便进一步了解它们在结构上的共性和个性。表中 S 代表 subject（主语），P 代表 part（部分），ph 代表 phrase（词组），V 代表 verb（动词），

O 代表 object（宾语），N 代表 noun（名词），A 代表 adjective（形容词），C
代表 complement（补语）。

表 5-4-1 同一事物两个不同方面的对比

结构概况 细目	主语部分	谓语部分	宾/补部分	调节 部分	谓语 部分	宾/补部分
句子成分	Sp	Vp_1	Op_1　Cp_1	，/but	Vp_2	Op_2　Cp_2
各成分的结构	Nph （包括代词）	Vph（包括 联系动词）	Nph_1/Aph_1	，	Vph_2	Nph_2/Aph_2
英语例子（2）	He（Nobel）	made	a fortune	but	lived	a simple life
英语例子（1）	It	was	the best of times	，（it）	was	the worst of times
英语例子（5）	共产党员	应该吃苦	在前	，	享乐	在后
英语；例子（6）	头发	梳	得光	，（脸上）	搽	得香
（附句）	（只因）不生产			，（人人）	说	她脏

按汉语句子结构分析例（5）和例（6），情况大致如下：

共产党员||（应该）　吃苦|　　　在前，享乐|　　　在后。

（名词）主语　　状（动）谓中心（方）补（动）谓补

头发||　　梳|（得）　光，脸上||　搽|（得）香，

（名）主语（动）谓（形）补（名）主语（动）谓（形）补

只因不生产，|　　人人||　说|　　她脏。

（附句）主语　名（主）（动）谓（主谓结构）作宾语

显然，例（5）是比较规范的平行对称结构与 Antithesis 的结构基本相同，
而例（6）只是表层结构平行对称，但深层结构（词类和词语的自身结构）却
不尽相同也不对称。

在表层结构上，英文"对照"（Antithesis）中每个对比段的单词或音节数
量基本相同，每个对应词类都是一样的，其词语排列全为平行对称：汉语"对
照"辞格似亦具有此均衡特征。但是，就句子深层结构而言，英汉"对照"
辞格之间尚存在着一些分歧：首先，在英语"对照"里，每组相对比较的词

不仅单词或者音节的数量相同或者相似，每一个相应部位的词类，词的基本结构都是一样的，词义上也有对立相对的，但是，汉语"对照"辞格在这一点上是没有定法的。其次，英语"对照"，不论一物两面比较，或两物比较，它始终沿用 SVO，或者 SVC 的基本结构形式，即主语总在句首出现。汉语的"对照"在这一点上也有例外。

这说明英汉"对照"的结构存在着相同和不同，大概与它们各属不同语系有关。西方语法以法制为主，它具有以形统神的特征，在语言结构上带有模式性；而汉语语法为人制，属于非形态的语言，造句颇有弹性，这其中最显著的特征就是重视功能、重视内容、重视意合、以神统形。

二、排比与 Parallelism

（一）英汉排比语言结构的均衡美

当体操运动员在平衡木上表演或杂技演员走钢丝时，只有动作匀整平衡，才能圆满完成好各种高难动作，达到动作的一种均衡协调美，给人一种美的享受，也给了自己一种完全的安全感。就像体操运动员与杂技演员寻求的平衡协调，排比就是利用人的对称均衡美的心理需要，将词语对词语、短语与短语之间、句子与句子之间、段与段之间平衡排叠，以求逐层强调，步步为营，达到一种匀整平衡的语言美感，即语言结构上的均衡一致。

1. 英语排比结构的特征

英语排比（Parallelism）即平行排列含义相近的短语、句子。Webster's New Collegiate Dictionary 还认为排比就是为达到修辞效果所循环出现的句法相似结构，即英语排比就是将某些结构相同、语义相关、语气一致的词语、词组、句子乃至段落排成一串所组成的一个整体，它的结构要求严格，词语排比一定要同词性词语排比，词组排比一定要同或相近词组结构排比，句子排比时，单句排比一定要同复句排比，段落排比一定要同段落排列对应，做到结构不随意，语句不随意搭配。其分类如图 5-4-1 所示。

英语排比

词的排比 (Word Parallelism)	词组排比 (Phrasal Parallelism)	句子排比 (Sentence Parallelism)
分成	分成	分成
N (noun) + N + ... V (verb) + V + ... A (adjective) + A + ... Adv.(adverb) + Adv. + ...	NP (noun phrase) + NP + ... VP (verb phrase) + VP + AP (adjective phrase) + AP... Adv. P (adverb phrase) + Adv. P + ... Prep. P (prepositional phrase) + Prep. P + ...	SS (Simple Sentence) + SS + ... CS (complex sentence) + CS + ...

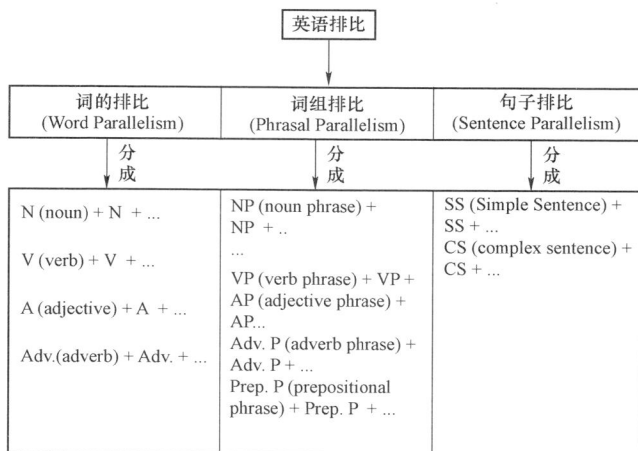

图 5-4-1　英语排比

2. 汉语排比的结构特征

汉语中的排比是指将结构上相同或者相近、内容上有关的排比、语气相同的词组和句子，一排一串地进行使用。成均伟等的《修辞通鉴》也认为排比是"将 3 个或 3 个以上结构相似、语气一致、意义相关的词组、句子、段落排列起来，用以增强语势、加深感情"。汉语排比以词组排比为主，句子排比为辅。当词组的排比被当作句子成分来看待，便成为成分排比。当把句的排比推广到衔接排列段，便成为段落排比。但是不管哪一种排比，它的构造一定是类似的，也一定是一样的，不能随意混为一谈。其分类如图 5-4-2 所示。

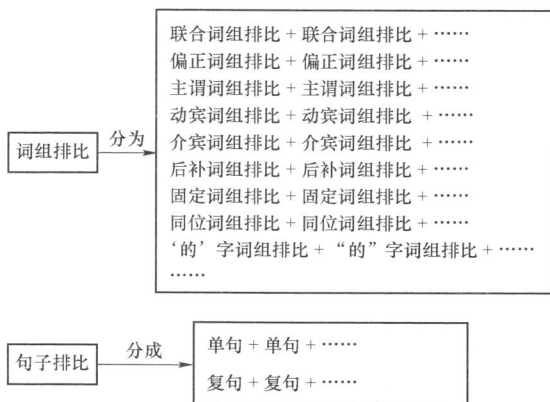

词组排比 —— 分为 ——
联合词组排比 + 联合词组排比 + ……
偏正词组排比 + 偏正词组排比 + ……
主谓词组排比 + 主谓词组排比 + ……
动宾词组排比 + 动宾词组排比 + ……
介宾词组排比 + 介宾词组排比 + ……
后补词组排比 + 后补词组排比 + ……
固定词组排比 + 固定词组排比 + ……
同位词组排比 + 同位词组排比 + ……
'的'字词组排比 + "的"字词组排比 + ……
……

句子排比 —— 分成 ——
单句 + 单句 + ……
复句 + 复句 + ……

图 5-4-2　汉语排比

例如：

"那古朴的叶片，那繁花，给我这不到十二平方米的陋室却带来一室的春光，一室的清香，一室的暖意。"

（《随笔》1985 年第二期）

"你是革命第一、工作第一、他人第一，而在有些人却是出风头第一、休息第一与自己第一。"

（毛泽东《给徐特立同志的一封信》）

以上两个例子均为词组排比。其中第一个例子是偏正词组，也可看成是"的"字词组排比。第二个例子是两组排比，而两组排比都是主谓词组排比、主谓分明，结构整齐。汉语词组排比一般有 4 个特征：（1）词组结构方式必须相同或相似，但字数可以不等，否则不成为排比。（2）排比的词组之间概念不相容。若内容重复、概念相容则不成排比。（3）词组排比之间意义相关或相连。（4）词组排比在句中应充当一个成分。

3. 英汉排比结构特点的异同

在这一节的比较中，我们可以发现，英汉两种语言对排比结构均有严格要求。这一结构严谨，使英汉排比在结构上实现匀整、均衡、和谐。结构均匀，句式雷同，含义相关，安排紧凑，语调连贯，在英汉排比中，这是最大的共同之处。需要指出的是英汉排比除"同样或者类似的构造排列成一串"作为一种重要形式标志之外，也经常重复着一句"提携语"，英语称为"keyword"。这些"提携语"在英汉排比中是强化感情和气势的关键，而且它们的语法位置都必须相同。例如：

（1）He is the sovereign of an empire, self supporting, self-contained. No one can sequestrate his estates. No one can deprive him of his stock in trade; no one can force him to exercise his faculty against his will; no one can prevent him exercising it as he chooses.

他就是一国之君，既自给，又自立。任何人都不能没收他的资产。任何人都不能剥夺他的从业资本；任何人都不能强迫他违心地施展才华；任何人都不能阻止他按自己的选择发挥天赋。

（2）既写同学少年，也写风流人物；既写巫山神女，也写月里嫦娥；既写武夷山下，也写橘子洲头；既写红装素裹，也写高峡平湖；既写铁臂银锄，也写莺歌燕舞；既写倾盆洒泪，也写残阳如血……

（李一氓《阿英文集·序》）

例子（1）中的"No one can…No one can…"和汉语例句（2）中的"既写……也写"等就是提携词。提携性词语只起提携作用，连接不同的词语去构成相同的结构。若提携词与其搭配的词语完全相同的重复排列则成了"反复"而不是排比了。英汉排比共有的功能都在于给语言带来了声音上的抑扬顿挫、气势上的磅礴威壮，使人在视觉上、听觉上、读音上和感觉上都有一种美的享受，一种语言的节奏匀整美，的确达到了强调语言的修辞效果。

（二）英汉排比语言结构的气势美

1. 英汉排比气势美赏析

自然界有"雷鸣电闪、翻江倒海、天崩地裂"等势不可挡的自然现象。源于人类对自然界的这种悟性，在说理和抒情中，人们会模仿这些自然现象使自己所要表达的东西具有一种"势不可挡"的语势，以便在听众身上产生一种巨大的号召力和吸引力。英汉排比语言结构上的相同或相似，内容上的相关，语气上的一致，结构紧凑和节奏感强等话语特征正适应这一要求，给人一种语言气势美的享受。因此，排比用于抒情，显得语义畅达、层次清楚、娓娓动听、节奏和谐、感情奔放，如行云流水、一气呵成。用于说理，又显得言简意赅、文脉清晰、论述深刻、感情激昂、语气豪迈，如排山倒海、势如破竹。

例如：

We are resolved to destroy Hitler and every vestige of the Nazi regime... We will never parley, we will never negotiate with Hitler or any of his gang. We shall fight him by land, we shall fight him by sea, we shall fight him in the air, until, with God's help, we have rid the earth of his shadow and liberated its people from his yoke. (Winston S. Churchill:Speech on Hitler's Invasion of the U.S.S.R.)

我们决心消灭希特勒以及纳粹制度的一切残余。……我们决不谈判，决不同希特勒及其同伙谈判。我们将在陆地上同他作战，将在海上同他作战，将在空中同他作战，直到上帝佑护我们把希特勒的阴影从地球上抹掉，把人民从他的桎梏中解救出来。

（摘自张汉熙《高级英语》第一册）

这段文字是英国首相丘吉尔为希特勒攻打苏联所作演讲的内容。它是脍炙人口的不朽之作，大气磅礴，鼓动性很强，唤起了无数人拿起枪杆子与希特勒抗争的决心、勇气与坚强。两个"we will..."反复排叠，尤其 will 与 we 连用时，表现出作者铲除希特勒的决心。三个"we shall fight..."的编排，更加坚定地表达出作者无论希特勒来自地面、海上也好，天上来也好，要和他血战到最后的坚定。语势步步为营，声音从轻至重，氛围从低至高。寥寥几笔，便把观众带入了高潮，最大限度激发群众士气，鼓舞人民团结一致、力挫劲敌。这种修辞性话语，震撼着人们的心灵，有很强的感染力，对当时英国和苏联人有很大影响，其中，排比这一语势特征释放出了巨大能量。试比较汉语：

"……今天最重要，今天就是原始股。今天是你搬来的一块砖，虽然朴素微不足道，却垫起了你明天的一段高度。今天是一件披在身上的棉袄，虽然不够阔气，却能挡住寒气，使你明天不会感冒。今天是拧开水龙头冲出的清水，可以洗足，可以洗衣，可以变为香茶一杯。"

（卷首语《今天最好》，摘自《读者》2000/4）

这段话首先把"今天"比作原始股，给人以告诫，只有"今天"才买原始股，才能有将来的附加值。如果不是现在原始股的话，那以后就算是升值了，也始终无法提升价值。然后三个"今天是"隐喻排列叠加，使气氛逐层增强，意境层层加深，由此给人展现了一种人生哲理，人生的内容既无法寄托在将来，亦不能怨天尤人，一切从"今天"这一普通而又艰辛开始。使用排比，不仅增强语势，而且周全语义。

2. 英汉排比内部结构关系的表达方式

英汉排比抒情、说理和加强文体气势美的功能主要由排比的 3 种关系显示。因为英汉排比都要求内部结构上匀整协调、句式相似，所以，这 3 种方式实际上表现出排比内部结构的 3 种内在关系，即并列关系、承接关系、递进关系。排比的语势美可以以此为基本点来欣赏：

（1）以排比内部结构关系的并列来加强气势美。例如：

"With this faith we will be able to work together, to pray together, to struggle together, to go to jail together, to stand up for freedom together, knowing that we will be free one day."

（Martin Luther King，Jr. I Have a Dream）

有了这个信念，我们就能一同工作，一同祈祷，一同斗争，一同入狱，一同维护自由。因为我们知道，我们终有一天会获得自由。（王寅译）

（2）以排比内部结构关系的承接来加强气势美。排比内部结构的关系有时按一定空间顺序、时间顺序或逻辑顺序来组织排列；立项之间的关系就表现为承接。

（3）以排比内部结构关系的递进来加强气势美。有时在内容的程度深浅上，排比内部结构的关系表现在从弱到强、从小到大、从浅到深的一种递进关系上或用转折关系来逐渐加强与表现递进的关系。

英汉排比在结构和视觉上具有一种均衡美，在读音和听觉上具有一种节奏美，在听觉和感觉上具有一种气势美，因而特别具有吸引力和感染力。它不仅现在用于文艺和政论文体中，而且也将日益受到电视广播和广告宣传等方面的重视和采用，其前景将日益看好。

第六章 英汉思维及文化对比

英汉思维方式和文化由于多方面的原因存在很多差异，在经济和文化交流日益频繁的今天，人们更加渴望互相理解和沟通，对英汉思维方式和文化进行深入的研究，这对人类社会的发展以及交流都具有重要的意义。本章主要介绍了英汉思维和文化对比概述、英汉思维对比、英汉文化对比。

第一节 英汉思维和文化对比概述

文化体现着一个民族在某段时期内的思想内容、行为方式、风俗习惯等。它是人类发展过程中不可磨灭的印记，更是人类整个生活方式和生活过程的沉淀。文化虽然不像文明那样具有地区的广泛性，但是它相应地和各个国家每一个人的喜、怒、哀、乐具有更深刻的联系。纵观历史，文化更像是一种特殊符号，反映着整个群体的方方面面。文化的博大精深不仅意味着政治、经济上的繁荣昌盛，而且会对政治、经济产生深远的影响。若无这源远流长的中华文化，中国又何以数千年来屹立于世界民族之林而不倒呢？

上下五千年，悠悠华夏史。行走在这样一条恢宏壮丽的历史长廊，我们不仅可以欣赏诸子争辩、百家争鸣的辉煌景象，还可以领略到程朱理学、陆王心学的交锋场面。作为华夏固有价值体系的一种表现，孔子创立的儒家学派逐渐发展成为中华传统文化的主体，对中国、东南亚乃至世界都产生深远影响。

纵观西方哲学史，最早提出来规律性哲学范畴的便是逻各斯，它对各国文化的影响可以说是深入骨髓了。作为欧洲古代和中世纪的常用哲学概念，规律性哲学一般是指世界的可理解的规律。法国著名的哲学家雅克·德里达曾提出风行一时的"逻各斯中心主义"，并强调它对于西方文化的重要性。在笔者看来，这种形而上学的学说固然失之偏颇，但它无疑在某种程度上反映了逻各斯中心主义对西方哲学的深远影响。

思维是人类特有的认知方式。在英语中，一般用"thinking"来解释思维一词，而在汉语中，"思维"又可称作"思索""思考"。思考源于主体对意向信息的加工。从马克思主义哲学的角度来讲，它是人类认识过程的高级阶段，是人们在感性认识的基础之上对客观事物的理性认识。唯有思考才能使人深邃。思维世界的发展，在某种意义上说，就是对惊奇的不断摆脱。我们需要明白，世界上所有的事物，在未知之前都是一个问号，在已知之后也只是个逗号，只有学会利用理性思维去看待事物，我们才能为它画上圆满句号。

之所以把文化与思维放在一起讨论，是因为文化与思维密不可分。其关系主要包括以下两方面内容：

第一，文化是思维产生的源泉。思维方式集中体现出文化心理的诸类特征。在中国，春秋战国时期是古代封建社会的大变动时期。铁器的使用以及牛耕的推广促使生产力得到巨大发展，从而进一步推动了文化的大繁荣，历史上"百花齐放、百家争鸣"局面由此形成，以老子、孔子、墨子、韩非子为代表，一大批思想家涌现出来。作为中国古代最有影响力的主流意识，儒家思想经由孔子创立，脱胎自周朝的礼乐文化，最早可追溯到尧舜时代与西周《尚书》《诗经》，历经两千多年的洗礼，成为中国传统文化的主流。

第二，思维为文化发展提供动力。思维方式渗透于民族文化的方方面面，对文化心理诸要素也产生巨大影响。以道家思维为例，信奉老庄学说的道家思想素有"中华文化之基"的美誉，其中"道生法""刚柔并济"等朴素辩证法思维方式渗透到中华文化的各个领域，对推动中国乃至全世界文化的发展均作出巨大贡献。许多近现代大家，如鲁迅、林语堂、胡适等，都曾受到道家思想的熏陶，作品中也都带有浓厚的道家意味，以至于有学者将法籍华裔作家高行健荣获诺贝尔文学奖看作是"庄子的凯旋"。由此可知，文化与思维之间存在彼此制约的关系。

自中国实行改革开放以来，随着国家"一带一路"政策的实施，我们与西方各国的交往愈加频繁和密切。由中国产生的"中国镜像"以及"西方视域下的中国"在世界的影响越来越不可小觑。如何建构一个合理的中国镜像，如何创造"和而不同"的国际大环境显得尤为重要。不可否认的是，社会环境不同，文化与思维方式也千差万别，尽管文化与思维方式的差异并没有改变沟通的普遍性质，但是差异的介入仍会增加沟通的复杂性。这就意味着中西方之间的交流并不轻松，因此，了解中西方国家的文化与思维方式之间的差异显得尤为重要，对于我国经济、外交、教育等方面都有着重大意义。在本章中，笔者将从以下几个方面对中西方文化与思维的对比做出具体介绍：中国的儒家思想与西方的逻各斯哲学对比；中国的集体主义、发散思维、线性思维、散视点以及综合思维与西方的个人主义、聚焦思维、环形思维、焦视点以及逻辑思维对比。

在此需要说明的是，无论采用哪种思维方式，都不是绝对的，而是相对的。所以不能在孤立的真空的环境中去看问题，例如并非中国人就必须使用发散思维，西方人就必须使用聚焦思维；而是在日常的生活中，中国人更加倾向于发散思维，西方人更加着重于聚焦思维。无论哪种思维方式，都会在使用者的脑海中反复交替出现。

第二节　英汉思维对比

一、英汉哲学思维方式对比

思维是人们在多次感知的基础上对客观世界进行概括、认识和反映的过程。在此过程中，人的思维通过深入加工进入自己大脑的各类信息，来反映事物本质和解决问题。人的思维习惯或思维程序，就是思维方式。不同的人有不同的思维方式，尤其是具有不同文化背景的人之间，存在的思维方式的差异就更加明显了。影响一种文化的思维方式的原因很多，如生理基础，首先是人脑结构的制约和影响，但思维方式作为社会文化的产物，在更大程度上受到生产方式、历史传统、语言文字、哲学思想等诸方面的综合影响。从一定意义上讲，思维方式是在方法论的角度对一个民族文化及其实践活动的一种抽象，而哲学包含了较多的方法论内容，因此，思维方式与哲学联系紧密。一种文化背景下的哲学，往往是此种文化群体的思维方式的体现。

（一）重直觉与尚逻辑

直觉思维在道家最为突出。老子提倡的"玄鉴"，便是要通过闭目塞听以清除心灵上的灰尘外物，保持内心的最大虚空与静寂，从而凭借内心来直观地把握世界万物，从而达到天人合一的境界。庄子则用许多寓言来表明，一旦主体处于"凝神""若志"的心理状态，就能够直观对象本体，与对象神遇，实现"目击而道存"，反之，穷思竭虑至多能获得一些"小知"。融儒道佛为一家的禅宗更是奉"顿悟"这一人性与道体忽然契合的思维方式为无上菩提的方法。禅宗是中国佛教的实践派，他们很少有系统的教义和理论体系，而是通过摘取收集语录与讲公案来开启人心，从而揭示出"禅"的真理，且以"顿悟"为精髓。"顿悟"的思维方式，是一种否定中间环节的直接性领悟，一种否定了循序渐进的、突发的跳跃性感受，一种无须理性概念的直觉性观照，它让佛家与儒家、道家在思维方式上达成了一致。

"主客二分"是西方哲学主要遵循的模式，相应地就需要主体运用概念、判断、推理、分析的逻辑思维，借助理性，从感性、现象、个别的材料中抽取本质、一般的东西，从而越过客体之现象，抵达现象背后的本质、本体，也就是普遍真理。西方人的逻辑思维比较发达，甚至不妨说整个西方文化都为强大的逻辑理性所规范。

早在柏拉图时代，人类的科学观尚停留于搜集材料阶段，理论思维自身还不成熟，人们还不敢脱离感性和经验进行纯理性的思维，柏拉图便告诉人们：他们所感知到的世界虽然也算是真实，但却极其容易被自己的感觉器官所欺骗，亲眼所见与亲耳所闻的事物未必就可信，只有理论推导出的东西才最真实。他还认为，概念（也即理念空间中的理念）间的辩证发展，使得概念以逻辑的方式构造出了一个有关世界的理论体系。这一观点超越了苏格拉底简单归纳推理的单纯经验，使思维彻底脱离了经验的束缚而上升至概念思维、抽象演绎的高度。

之后，亚里士多德创立了形式逻辑的三段论，使人类的思维发生了质的变化，真正进入了抽象的理念空间之中。实际上，西方哲学正是通过逻辑方法去证明经验事实之外的思维与存在、物质与精神、道德与理性、艺术与美等的可靠性与合理性。

（二）重模糊与尚精确

中国哲学因受到直觉思维方式的影响，在把握客观世界时表现出瞬息而现、灵活多样的特点，注重定性而非定量分析，运用的是模糊思维。所谓"道，可道，非常道；名，可名，非常名"（《老子》一章），便点明了"道"这一道家哲学体系的核心作为一种神秘的精神实体，是不可命名、不可言说的东西。而今天我们之所以对儒家倡导的"仁"究竟是什么说法不一，就因为"仁"字在孔子那里有时不仅指某一种特殊德性，还指一切德性的总和，并无一个确定的定义。甚至宇宙之根本，在孔子那里也是模糊的。当儒、道等各家的思想融合为天、道、气、理共生的整体宇宙时，中国哲学乃至于中国文化的模糊性便坚如磐石了。

相对于这种中国模糊思维方式，从古至今，西方人都很看重数学与逻辑，因而在表情达意方面具有精确性的特质。西方人对概念与类别有着缜密的定义即只使用一种判断就指定了一种观念，并且它有非常明确的内涵与外延，一般都是以严格定义来介绍。西方人提倡科学与理性，强调思维活动要严谨、明晰与确定，强调思维程式数学化、形式化和公式化、符号化。语言逻辑性强，思维方式同样不可避免地具有精确性，配合推理分析式逻辑思维，精确成了西方哲学和整个西方文化中一个理论特色。

从泰勒斯认为宇宙万物的本体为"水"，到赫拉克利特认为宇宙的本体为

"火"，再到毕达哥拉斯认为宇宙万物的本体为"数"，最终德谟克利特通过找到"原子"达到了物质之明晰，通过提出"理式"达到了精神的明晰。19世纪，以黑格尔辩证逻辑为首的西方哲学体系更有如一座巍峨的理性思想楼宇，这一历史过程所展示的，便是西方人如何执着于以精确、严密、缜密的思维来总结认识过程和认识规律，从而认识自身、认识世界，进而追求真理、发展自己。

（三）重整体与尚个体

　　中国传统文化"天人合一"的思想精神，既没有将世界视为一个与人类无关的纯粹客体，也不会放弃客体的感性和单个存在，同时又不会停留和拘泥于感性的生存，是一种整体性，而不是分解式地掌握，和物体从外部到内部浑然一体。这种思维观念对中国哲学乃至中国文化的影响深远，"天下主义"就是它的直接延伸。天下主义，即破除宗教、国别之间的界限，面向普天下发表思想文化原理，以建立广泛适宜的世界和平秩序，同时尽力提高全人类的文明教养。此"整体"不可谓不宏大。天下主义对后世思想观念文化起到了构造性的影响，自汉代起，它开始成为中国文化的主流，与民本意识、忧患意识、世界大同、天下为公的观念等一道成为历朝历代的主流意识。

　　西方"主客二分"的框架决定了西方人眼中的主体和客体相对立，需要明确区分主体和客体、人和自然、精神和物质、现象和本质，对它们进行分割、肢解、细微的审察，也即运用排除了情感、意志等心理机制的纯然的理性来认识它们的一般本质、普遍真理，与"天下主义"相对的"个人主义"，正是这种个体观念的必然产物。"个人主义"就是从主体出发，以"个人"为中心来看待周围世界、社会和人际关系，它是西方文化精神的一个鲜明特征。古希腊的苏格拉底首次提出"照顾自己的心灵""认识自己"的口号，标志着人类自我意识的觉醒。近代文艺复兴时期，人文主义者重新发现并肯定了"人"，提出个性、自由和平等的要求。到了现代，尼采的酒神精神、超人、权力意志等概念均表达了个人本能的解放的思想。在西方的观念里，社会的充分发展是建立在个人充分发展基础之上的。

二、英汉语言思维方式对比

语言是人类思维的工具和表达方式，人类语言表达方式的不同也反映了不同民族思维方式的不同。由于人类起源受到许多因素的影响，如地理因素、气候因素、宗教因素、历史文化因素等，不同国家或地域的人们就形成了不同的思维方式。他们观察事物的角度不同，形成了不同的价值观和人生观，在此基础上，就形成了各自独特的文化体系。这些不同的思维方式和文化体系主要体现在语言文字上，体现在人们的日常语言表达和书面表达之中。

就英汉两种语言来说，两种语言受到不同的思维方式和文化价值观的影响，在词汇、语法、语篇等诸多方面有很多的不同。古代中国属于典型的农业社会，而农业社会需要社会个体一起来协作劳动。中央集权是古代中国政治制度的一个重要特点。人们在这样的社会中生活，形成了很强的集体意识。而英国是个岛国，也是一个典型的海洋大国。在社会的发展中，英国人开拓海外贸易，进行商品的交易，逐渐形成了很强的个体意识。

这些文化差异也可以从饮食习惯的差异中体现出来。中国人用餐的工具主要是筷子，食物以素食为主，大家围在一起吃饭，互相谦让；而英国人就餐的工具主要是刀叉，食物以肉类为主，进餐时各人吃各人的，一般不互相礼让。这样的生活方式和文化习惯的差异就会体现在语言方面，形成不同的语言风格和表达习惯。

中国传统社会特别强调天的重要性，天就是所有，是大自然的一切。中国古代哲学家老子就提出"人法地，地法天，天法道，道法自然"。人类要和天、地同为一体，生活中的一切都要遵循自然的规律，最终做到天人感应。同时，中国传统的有机整体的思维方式使我们更加看重对周围事物整体性的把握。中华民族的主体思维方式是从主体的需要和使用目的出发，强调其中的社会伦理道德和集体的审美标准，把主体融入客体，又把客体介入主体，所以在事情的叙述上多体现出很强的主体参与意识，在语言的表达上多以人为主语，强调人的主动性和人定胜天的意识，多使用主动语态。

英国是个岛国，自然资源相对不足，英国人在历史的长河中，把大自然作为探索的对象，体现出对自然资源的征服和探索，特别是对海外世界的探险和征服，因此在他们的思维世界里，人类和客观自然世界是征服和被征服的关系，自然和人类是分立的。他们的哲学观对客观自然持有一种敬重的态度。在思维方式上，他们会摆脱自己的主体意识，尊重外界客观世界，由事实来决定他们的价值判断，这种逻辑思维能力体现在语言表达上，体现在主客体的泾渭分明上。由于英国人习惯把客观事物作为研究征服的对象，在语言中他们也使用大量的被动语态。

（一）英汉思维方式的差异对表达的影响

1. 英汉表达思维角度的差异

在判断事情的过程中，不同民族出于不同的逻辑思维角度，会采用不同的表达形式。在语言转换的过程中，需要把握语言表达的真正内涵，用目的语的正确形式表现出来，有时需要换一个思维角度去表达和转换。有时，在英语中从正面说的话，在汉语中可能要用反面的陈述来表达；当然，有时在英语中反面的表达方式，在汉语中适合用正面的表达方式来陈述。在表达具体的事情时，英汉两种语言在虚实方面也表现出很大的不同。在英语中，人们习惯于抽象的思维方式，喜欢抽象地表达具体的人或物。在汉语中，我们喜欢具体的思维方式，也喜欢用具体的概念来描述人或物，表达比较抽象的概念和道理。因此，我们在语言转换的过程中，要会合理地进行虚实表达方式的转化，把原文内容用目的语的形式充分、形象地表达出来，让译文达到"信、达、雅"的标准。

在两种语言表达中，都存在表达者对某一人或事物的态度和价值的判断，但在语言的实际使用中，翻译者要善于根据语境去判断褒贬和曲直，充分理解表达者的真实意图。有时表达者也会让表达方式复杂化，让句子呈现曲折、含蓄的形式，在这样的情况下，翻译者也要根据具体的情况进行语言上的处理和转化，以符合目的语的表达习惯。例如：

He is the last man to accept a bribe.

译文：他绝不是那种贪污受贿之人。

The new mother wore a proud smile.

译文：刚做了母亲的那个人带着得意的笑容。

Anger and bitterness covered upon me for weeks.

译文：几周的时间我心中都充满着愤怒和苦闷。

2. 句子表达的主体和客体

从传统文化研究来看，中国和英语国家有不同的研究重心。中华传统文化重点研究的是人文科学，主要以人与人、人与社会的关系为研究对象；而西方传统文化更重视自然科学的研究，以物为研究的中心。

我国从春秋孔子、战国时期的百家争鸣开始，就始终关注社会政治和伦理道德，我们的文化也是以仁、义、礼、智、信为人伦规范和社会的秩序要求。古人先贤始终关注的是人道，而非天道，研究对象是人生之理，而非自然的本质。在这种逻辑思维方式之下，在自然界中人就是最高的统治者，一切的自然资源都是为人类服务的，人可以支配自然界的一切，人的意志也可以战胜上天。虽然老子也提倡人的生活规律要顺应自然的规律，但是他没有深入地研究自然，只是被动地顺应自然。

西方以物本位为主题的文化更偏重于对自然客体的观察与研究。西方先哲提倡对自然界进行研究和探索，从而更好地利用自然，来改造人类的工作环境和生活。例如，亚里士多德就提出"探求知识是人类的本性"，培根提出"知识就是力量"。古代西方社会崇尚的征服自然、战胜自然的思想对西方科学的发展及工业革命、文艺复兴的出现都起到了巨大的推动作用。西方古代的自然观，力图使物质和精神分离，确立了从个体出发去理解自然的观念，尽力使人成为超自然的存在。这种自然观提倡外向地、积极地干预自然，根据人类的需要去探索与发现自然界的个别属性和规律，人类可以独立于自然的物质基础之外，把物质当作改造和利用的对象。对比中国的传统文化，中国人强调"天人合一"，把自然作为敬畏的对象，把自然界的各种奇异现象当作对人类社会的警告和预言，从而只能从自身出发，去被动地适应自然，缺少了探索自然、改造自然的动力。

这种对待自然的不同的哲学观也体现在语言上。在汉语文化中，人们在思考时对主体和客体没有严格的区分，在表达中有很多"自动"和"他动"不分的句子，体现了汉语注重意合的概念及主客体之间转化的变通性。英语常用自然界无生命的事物作为句子的主语，经常使用被动句，这些句子的动作发出者是自然界的不同生物和物质主体，特别是在自然科学的研究表达中，主动语态和被动语态之间有严格的区分和要求。而汉语中动作的发出者多是有生命的物体。有的句子虽然没有出现主语，但它们省略的主语也多是有生命的物体，这也充分反映了中国文化中以人为中心的主体意识和思维方式。例如：

A strange peace came over her when she was alone.

译文：她独处时感觉到一种特殊的安宁。

It never seems to occur to my father to contact me.

译文：我的父亲好像从来都没有想到和我联系。

The sea cannot be measured with a bushel.

译文：海水不可斗量。

（二）英汉思维方式的差异对句式的影响

传统观念文化包含了民族思维方式，这种观念文化的主要载体是语言的句法结构。句法结构和思维方式是互相适应、互为表里的，而制约句法结构的表现形式就是思维方式。

1. 注重"综合"与"分析"的思维方式

汉语句子的"意合法"和英语句子的"形合法"，反映中国人重"综合"、西方人重"分析"的思维方式。英语的结构好像连环，虽然环与环都联络起来，毕竟有联络的痕迹；汉语的结构好像天衣无缝，只是一块一块地硬凑，凑起来还没有痕迹。英语语法是硬的，没有弹性的；汉语语法是软的，富于弹性的。所以英语语法有许多呆板的要求而汉语语法只以达意为主。英语是"形合"语言，"形合"是指为了表达语法意义和逻辑关系，用语言的形式和手段将句中的词语或分句之间连接起来，它主要包括了语法和词汇两种连接手段。英语选词、组句、组织篇章通常是通过连接词（连词、关系代词、关系副词、介词等）、分句（从句）、词的形态变化等来衔接和接应。英语、汉语句法上的"形合"与"意合"之差别是民族文化差异的典型表现。

汉语是"意合"语言，"意合"是指句中的语法意义和逻辑关系通过词语或分句的含义表达，而不是用语言形式手段连接。由于汉语"意合"语言的特征，在汉语中也就没有英语常用的关系代词、关系副词、连接代词和连接副词等，汉语的介词数量也远远少于英语，而且大多是从动词"借"来的。汉语中不论是语义因素还是语用因素，都包含着非常大的信息量，这使汉语具有非常强大的表现力，词语间的关系常在不言之中，以达意为主。也就是把意思相关的词语凑在一起，表达一个完整的意思，中间很少用关联词语。句子结构以动词为中心，以时间顺序为逻辑顺序，层层推进，归纳总结，形成"流水型"的句式结构。这种句型在叙述事实的过程和动作先后的句子里，可以包含两三个，甚至十个八个小句。这些句子之间可断可连，可多可少，多不厌其烦，少不嫌其略，一切以达意为目的。小句和小句之间没有连接词，完全靠"意合法"。

2. 不重本体和重本体的思维方式

汉语中多主动句，英语中多被动句，这反映了中国人不重本体，而西方人重本体的思维方式。英语句子一般情况下必须有主语。汉语中，省略句子的主语是家常便饭。一个句子里，几个小句的主语相同，只要第一个小句中出现了主语，其他几个小句的主语便可承接前面的主语。而在主语显著的英语里，主语与谓语之间却有某种形式的制约，如人称、性、数方面的一致等，因而主语省略后这些语法关系就无法表达。即便篇章的句子都很短，结构也很简单，并构成一个话题链，整个篇章的语义结构也是围绕着某一个篇章核心组织的，但主语不能少。

3. 顺向和逆向的思维方式

汉语的词序排列往往是按照从大到小的顺序，而在英语中，词序排列往往是按照从小到大的顺序，这是中国人的顺向思维和西方人的逆向思维的反映。比如，在地址、时间的排列顺序上，汉语是从大到小，英语却是从小到大，如汉语习惯说河北省石家庄市桥东区梧桐路 106 号，英语则习惯说

No.106，Wutong Road，Qiaodong District，Shijiazhuang City，Hebei Province，China；汉语习惯说我于 1985 年 10 月 13 日出生，而英语则习惯说 I was born on，October the thirteenth 1985.

4. 以逻辑结构为主和以表达意义为主

从句子的外形来说，英语的句子主要是以形来统句，一个句子就是一个完整的语义结构，其他的信息附加在每个先行词之后，这些附加的信息主要围绕在这一句子结构周围，句子有很清晰的逻辑顺序和紧凑的逻辑结构。汉语句子结构主要以意义来界定，一个具体的含义说完了，要另起一句，再度进行说明，主要含义相连的句子就形成了一个意群。所以在英语表达中，复句多于单句，而在汉语中，单句是多于复句的。例如：

Manliness is judged according to one's invulnerability to the impact of the outside world.

译文：男子气概是根据他是否能抵御外来影响来判断的。

He had surfaced with little visibility in the policy decision.

译文：在决策的过程中，他不那么抛头露面。

The strong walls of the castle served as a good defense against the attackers.

译文：那座城堡的城墙很牢固，在敌人的进攻中起到良好的防御作用。

That dirty house is an offense to everyone who lives in the street.

译文：那座老房子很脏，住在那条街上的人都很讨厌它。

第七章　英汉语言文化对比

第一节　与颜色有关的英汉文化对比

在漫长的生产、生活过程中，出于需要，人类创造了颜色词。颜色词语经过长期的文化沉淀，时至今日，往往已不再单纯地表示颜色，更蕴藏着丰富的文化内涵，从中可以折射出一个民族的历史、审美情趣及民族心理等。科学研究表明，世界上可以辨别的色彩就有七百多万种。色彩不仅具有明显的美感功能，同时还具有丰富的信息功能。各种颜色在不同的社会文化中，具有不同的文化附加意义。所以说，色彩是人类认识世界的重要领域，它不仅具有物理的本质属性，还具有丰富的文化内涵。

从历史上看，中国封建王朝就有"黄袍加身"之说；在民间习俗中，人们也习惯用"红白"来代表"喜事"与"丧事"。这类颜色词语如此长久地沿用，足以证明在汉语中的重要性。颜色词在中西文化和汉英语言中有时具有相同的内涵，有时却内涵不同。很多时候，我们对英语的某些说法不理解，是因为每种语言都扎根于自己的文化之中，并浸入了文化的内涵，于是就形成了感知定式，这种感知定式便决定了不同文化的人对于同一种现象会赋予不同的意义。因此，在实际应用中，由于各民族在历史、政治、经济、文学、宗教等方面的巨大差异，颜色词会起人们不同的反应，于是就形成汉英语言中颜色词语的文化内涵差异。

比如红色，在汉语中有四十多个表示红色的词汇，而在英语中有一百多个。在中国红色除了表示颜色之外，还表示胜利、喜悦等。中国也会用红色代表危险的信号。汉语中的红色还有表示"恼怒、危险与暴力"的意思。英语里的 red 往往也用来表示庆祝活动，英国人认为，红色表示为信仰和爱献身，在某些圣餐仪式上穿红色表示圣爱。

中国人说"羞红了脸"，英语中也有 turn red with blush 的说法。red 在英语中也用于表示暴力、残忍和恼怒。英语中的 red ruin 指"火灾"，a red battle 指"血战"。汉语中"红娘"指媒人，而英语中的 red lady 则指淫荡的女人，pink lady 指一种鸡尾酒。所以 red lady 和 pink lady 与汉语中的"红娘"含义截然不同，因此"红娘"应译成 match-maker 或 go-between。

由于中西方斗牛习俗的差异，初学英语的人对于来自斗牛习俗的短语 see red 和 like a red rag to a bull 的含义就无法正确理解。另外英语中的 red nose 与汉语中的"红鼻子"含义也不一样。汉语中"红鼻子"指酒糟鼻（brandy nose），而英语中的 the red nose 是指在为婴儿猝死综合征研究募捐的日子，募捐者分发给捐款人的红色塑料鼻子，它是爱心的纪念品。

黑色在汉语中的本义是烟熏火燎的颜色。后来受到佛教的影响产生了"邪恶""不洁"之意，黑色又象征着黑暗、死亡、阴险、恐怖等。而在英美国家，一些带有迷信观念的外国人最忌讳"黑色星期五"。"Black Friday"一般指星期五又逢 13 号的那一天，迷信者会尽量减少外出以免大祸临头。"black sheep"字面上的意思"黑羊"，实际是指集体中的败类、败家子。

在中国，亲人、好友去世，会在手臂上戴黑纱或黑色的挽章表示哀悼，而西方人则做追思弥撒，唱安魂曲。在西方文化中黑色还象征着庄严、威严和尊贵。black suit（黑色西装）、black dress（黑色礼服）是西方最为崇尚的传统服装。汉语中的"黑脸"不能译成英语中的 black face。因为汉语中"黑脸"有刚正不阿的意思，如深受老百姓爱戴的宋代清官包拯是黑脸。在日常生活中，人们把敢于坚持原则办事、不怕得罪人的行为称为"唱黑脸"，这也是借用京剧中包公的脸谱形象——他总是被刻画成一个黑面长须的人。而

black face 在英语中却没有刚直不阿的含义，是指扮演黑人的演员或唱黑人歌曲的演员。

白色在中国文化中有"凶丧"的意义。所以自古以来，亲人死亡，家属要穿白衣服。从汉代到唐代，普通百姓穿白衣服，因而"白色"表示"低贱、愚蠢"，如"白衣"指贱民，"白丁"指没有功名的人。在传统戏剧中，有的白脸人物（如曹操）是奸诈阴险的形象。中国对白色的褒义用法与西方相近，中国自古就认为白色象征着高雅、纯洁、明亮、光明。在《圣经》中，黑与白便是黑暗与光明的象征，因此，在西方，白色代表"好的，正面的"。在万圣节的庆祝活动中，教堂会用白色来进行装饰，西方的婚纱也是白色的，取其纯洁、美好之意。西方人举行婚礼时，新娘总是穿白色服装。把白色与丧事联系在一起，会引起西方人的反感；而把 funeral（丧事）说成 happy occasion（喜事），会使西方人感到吃惊，但这种说法反映了中国人对待死亡的豁达态度。在做汉译英的时候还是应当注意，在某些时候，汉语中的"白"字指颜色，但在英语中不能用 white 相对应，如"白菜"（Chinese cabbage）。

第二节　与植物有关的英汉文化对比

竹子在中西方文化中有不同的含义。竹子生命力顽强，往往在春天经过雨水的滋润长出很多新芽，在汉语中，人们用"雨后春笋"来形容新生事物的大量涌现，而英美人对此却说 spring up like mushrooms（雨后蘑菇）。又因为国宝大熊猫喜爱吃箭竹，谈起竹子，人们又自然会想起憨态可掬的大熊猫。"青梅竹马"则比喻一对情人自幼一起长大，感情笃好。竹子的这些联想意义反映了中华文明的五彩斑斓。

在英语中，plum 指梅树或李树；在基督教文化中，梅树代表忠诚。在英语俚语和美语俚语中，plum 都表示奖品和奖赏的含义。英语中的 plum 还指报酬高的工作和好的事物。梅花作为中国的传统花卉，耐严寒、报春早、有清香，花姿秀雅、风韵迷人，在中国文化中象征品格高尚、节操凝重，为历代文人墨客所颂咏，留下了不少不朽的诗句。有的诗句歌颂了梅花那种坚忍顽强的生命力，在严寒中绽放，象征着革命者不屈不挠的坚强斗志。中国人还从梅花在风雪中盛开，领悟到先苦后甜的人生经验，从而来劝导世人要奋发图强方能成就大业。

在西方，柳树（willow）象征死亡和哀悼。英语中 wear the willow 表示"失恋"或"哀悼心爱者的逝去"。在西方，柳树也被用来祛病驱邪。而美洲印第安人把柳树看作圣树，是春回大地的象征。中文中柳树的象征含义与西方极其相似。由于其早于其他树木在春天发芽，因此柳树是春的使者、春天的象征。在中国民俗中，柳也被视为圣木，有驱邪避恶的功能。此外，在中国传统文化中，柳树多暗喻离别，抒发思念之情。

在西方文化中牡丹被看作具有魔力的花。在欧洲，牡丹花与不带刺的玫瑰象征基督教中的圣母玛利亚。牡丹是中国的十大名花之一，素以"国色天香"而闻名天下。唐代以前并没有牡丹这个专名，那时统称"芍药"，直至唐代改称"牡丹"。在中国传统文化中，牡丹是富贵和华丽的象征，表示富贵、高雅。

在汉英两种语言中人们都把桂树（laurel）和出类拔萃与荣誉联系在一起。桂树四季常青，清香高洁，深得人们喜爱。英美人喜欢用桂枝编织成花环（laurel wreath），戴在勇士和诗人的头上，后来桂树渐渐成了荣誉和成功的象征，人们把那些取得杰出成就的诗人称为"桂冠诗人"（Poet Laureate）。

桃子（peach），这种水果十分常见，人们由桃子很容易联想到粉面桃腮的少女，于是汉英两个民族都用桃花（peach）来代表皮肤细洁、白里透红的妙龄少女。在英语中，"She is really a peach"常常用来形容漂亮有吸引力的女子。此外，peach 还可以表示美好的事物，如"What a peach of a room！"（多么漂亮的房间）。中国人常把艳遇称为"桃花运"，把风流韵事称为"桃色事件"。在英语中，peach 却没有这种联想意义。

在汉英两种文化中，玫瑰（rose）都象征爱情，因为玫瑰花不蔓不枝一花独放，而且每年春季开花，一年只有一次，所以人们用玫瑰象征忠贞的爱情。在英语文化中，玫瑰还可以用来指代"极其美丽可爱的女子"，相当于peach。rose 在英语文化中还代表"安乐的境地"，如"Life is not a bed of roses."

表示人生并非事事顺心如意。如果有人事事称心如意，英美人会说 roses all the way。在英语中，under the roses 表示"秘密地"。

草（grass），在汉英两种文化中都可以使人联想起"众多""默默无闻"。汉语中，"草"字可以比喻"多"，如"草木皆兵"；可以比喻"贱"，如"草菅人命"。汉语中，默默无闻的老百姓被称为"草民"。英语中 grass widow 表示被遗弃的少妇或情妇。在英语中，"The grass is greener in the other side of the wall."比喻这山望着那山高。

第三节　与数字有关的英汉文化对比

从古至今，人类的生活不能离开数字。纵观人类历史文化的发展，数字在其中起着重要的作用，在每种语言中，数字符号都是必不可少的分支系统之一。人在认识世界、改造世界、记录文化的过程中，都很难避免用数字作为符号系统。但是，由于各种文化在历史传承、历史渊源等方面都有区别，负载着各种文化信息，是世界上各个民族语言，在使用数字这个符号系统时，则各有千秋。

浩如烟海的汉语语言，可以说是对数字的使用有着深厚的感情。这一点，最充分地反映在习语上，习语是汉民族语言实践的缩影和结晶。中华文化有着深厚的内涵，每一个汉字都是一个信息库，都是一个文化联想。作为汉语语言分支系统的数字，显而易见地有着特别的汉民族的文化根源和深厚的汉民族的文化底蕴。数字或数字单位均大量用于汉语习语当中，使得汉语数字习语成为汉语语言当中一道亮丽的风景线。汉语中数字习语之多是世界上其他语言无法相比的。

其实语言中的数字本来没有什么吉凶，但由于各民族社会语言文化传统以及人们思维观念的不同，一个民族往往会对某些数字异常崇尚，认为它们神圣、吉利，而给另一些数字赋予了某些不好的含义，认为它们不吉利，并且尽量避免使用。这样就使得这些数字除本身所具有的本义之外又负载有民族文化所赋予的特殊的社会文化含义，使得这些数字变成了实实在在的"神秘数字"。在汉语这种独特的语言中，"数"还反映出我们古人的宇宙观，体现了中国古代思维中的辩证思想。

最初，数字只是精确和具体的数量的代表，比如汉语有"一是一，二是二"之说。因此，数字从本质上讲具有精确性的特点。但由于人们在长期使用数字的过程中，自然而然地会将数字同其他词语搭配使用，从而构成短语或语篇，或当这些数字用于取得修辞效果时，数字便渐渐获得了模糊的特性，如汉语中"一猫有九命"中的"九"并非恰好指九条命，汉语"一箭双雕"中的"双"和英语"kill two birds with one stone"中的"two"并非指"两项任务"，而是指采取一个行动来完成"不止一个目标"。这便是数字的模糊性之所在。

就汉语中的数字而言，它们经常在取得或者增强某种修辞效果的时候被使用。但在将这类含有数字的短语或表达翻译成英语时，汉语原文中数字的意象在译文中却基本失落了。换言之，在汉英翻译中，数字的翻译也属于不可译的领域之一，如汉语里的数字"四"同"死"谐音，"八"同"发（财）"谐音，但在英语中，这些信息都无法再现出来。由于语言、文化或历史原因，有些数字负载有额外的蕴涵意义，比如英语中的"13"是一个不吉利的数字，而汉语中的"九"因为和长久的"久"同音，因此蕴含了天长地久的含义。

参考文献

［1］谢慧. 21 世纪国内英汉修辞对比研究综述［J］. 成都工业学院学报，2022，25（2）：107-112.

［2］王丹，张积家. 英汉语言的时空特性与民族时空思维偏好［J］. 北京第二外国语学院学报，2021，43（6）：34-53，93.

［3］徐常翠. 英汉语音对比研究在语音教学中理论与实践探讨：评《英汉语音对比研究》［J］. 热带作物学报，2021，42（10）：3107.

［4］袁静. 英汉谚语的对比分析［D］. 北京：北京外国语大学，2021.

［5］孙祝斌. 英汉语言对比视角下的非谓语动词汉译策略［D］. 太原：山西大学，2021.

［6］陈红. 英汉韵律特征对比与英语语音教学［J］. 高教学刊，2019（26）：112-114.

［7］高冬生. 英汉语言文化对比及翻译研究［J］. 江西电力职业技术学院学报，2019，32（5）：142-143.

［8］刘志成. 语言学视野下英汉文化差异本质探源［J］. 江西师范大学学报（哲学社会科学版），2019，52（3）：138-144.

［9］郝月. 英汉新词构词法对比分析［J］. 海外英语，2018（24）：89-90.

［10］张子睿. 英汉语言表达方式对比分析［J］. 汉字文化，2018（S1）：9-10，32.

［11］邓奇. 认知视角下英汉感知形容词的对比研究［D］. 长春：东北师范大

学，2018.

［12］王文斌. 对比语言学：语言研究之要［J］. 外语与外语教学，2017（5）：29-44，147-148.

［13］程雪佳. 英汉语言对比与翻译的结合研究［J］. 中国民族博览，2017（5）：123-124.

［14］项亚男. 英汉语言文化对比分析及翻译理论建设［J］. 黑河学院学报，2016，7（7）：12-13.

［15］佟玲玲. 英汉语言形式与思维方式对比［J］. 中国培训，2015（18）：192.

［16］祝婷婷. 论英汉语言对比研究的应用［J］. 齐齐哈尔师范高等专科学校学报，2015（3）：91-92.

［17］姬银萍. 英汉语言的对比与翻译［J］. 郑州航空工业管理学院学报（社会科学版），2014，33（2）：100-103.

［18］苏章海. 对比语言学元语言系统的演变研究［D］. 上海：华东师范大学，2014.

［19］刘音. 试探英汉对比研究理论的发展［J］. 教育教学论坛，2014（10）：125-126.

［20］董雅莉. 英汉语音对比研究及其对英语语音教学的指导意义［J］. 社科纵横（新理论版），2013，28（2）：362-364.

［21］钱叶萍，李维. 英汉语音的类型学比较［J］. 北京第二外国语学院学报，2013，35（4）：9-14.

［22］张曼. 基于英汉语言词汇的对比研究［J］. 世纪桥，2013（3）：119-120.

［23］孙毅，王晋秀. 汉英对比视界中矛盾修辞法的哲学底蕴疏议［J］. 外语研究，2012（2）：41-44.

［24］张睿，吴爱丹. 英汉语音对比研究：英语语音教学的实践意义［J］. 辽宁工业大学学报（社会科学版），2008（5）：128-130.

［25］海盛. 英汉语言对比与英文写作［J］. 成都大学学报（教育科学版），2007（2）：16-18，23.

[26] 杨兰兰. 英汉习语中常用修辞法的对比研究 [J]. 怀化学院学报（自然科学），2006（11）：142-143.

[27] 轩治峰. 英汉语言对比概述 [J]. 商丘职业技术学院学报，2006（3）：92-94.

[28] 王英华. 英汉语矛盾修辞对比分析 [J]. 经济与社会发展，2003（8）：125-128.

[29] 赵明. 英汉提喻手法对比与翻译 [J]. 徐州教育学院学报，1999（1）：56-57.

[30] 王菊泉. 关于英汉语法比较的几个问题：评最近出版的几本英汉对比语法著作 [J]. 外语教学与研究，1982（4）：1-9，62.